北京市民终身学习状况报告

An Investigation-Based Report on the Lifelong Learning Situation of Beijing Citizens

张有声　王晓霞　吴亚婕　编著

国家开放大学出版社·北京

图书在版编目（CIP）数据

北京市民终身学习状况报告／张有声，王晓霞，吴
亚婕编著．—北京：国家开放大学出版社，2022.1
ISBN 978－7－304－11253－0

Ⅰ．①北…　Ⅱ．①张…　②王…　③吴…　Ⅲ．①终生教
育—调查报告—北京　Ⅳ．①G729.2

中国版本图书馆 CIP 数据核字（2022）第 011854 号

北京市民终身学习状况报告
BEIJING SHIMIN ZHONGSHEN XUEXI ZHUANGKUANG BAOGAO
张有声　王晓霞　吴亚婕　编著

出版·发行：国家开放大学出版社
电话：营销中心 010－68180820　　　总编室 010－68182524
网址：http://www.crtvup.com.cn
地址：北京市海淀区西四环中路 45 号　**邮编：**100039
经销：新华书店北京发行所

策划编辑：李京妹　　　　　　**版式设计：**何智杰
责任编辑：李京妹　　　　　　**责任校对：**冯　欢
责任印制：武　鹏　沙　烁

印刷：廊坊十环印刷有限公司
版本：2022 年 1 月第 1 版　　　2022 年 1 月第 1 次印刷
开本：B5　　　　　　　　　　**印张：**10.5　　**字数：**126 千字

书号：ISBN 978－7－304－11253－0
定价：27.00 元

前　言

在京津冀协同发展的战略下，在北京强化"四个中心"（政治中心、文化中心、国际交往中心、科技创新中心）功能建设、提升"四个服务"（为中央党政军领导机关工作服务，为国家国际交往服务，为科技和教育发展服务，为改善人民群众生活服务）水平的过程中，教育是支撑，起基础性、先导性、全局性的重要作用。具体到继续教育、终身教育领域，要紧密结合首都经济社会发展需求，深化城教融合，切实为建设"国际一流的和谐宜居之都"服务。在这个背景下，2017 年 3 月，北京开放大学终身教育研究基地项目获北京市教育委员会立项；2017 年 10 月，北京开放大学首都终身教育研究基地（以下简称基地）经北京市哲学社会科学规划办公室和北京市教育委员会批准成立。基地以国家完善终身教育体系、建设学习型社会的重大战略任务为本，围绕北京建设学习型城市的重大需求，建设国内领先、国际有影响力的首都终身教育研究体系；坚持以"终身教育学术高地、政府决策高端智库、研究信息服务中心、终身教育实践指导中心、一流学科建设和国际学术交流中心"为目标，以服务首都文化中心和国际交流中心为功能定位，在终身教育政策研究和咨询服务、终身学习实践创新指导、国际学术与信息交流等方面发挥重要的作用。

北京开放大学把建设首都终身教育专题数据库作为基地建设

的必要基础性工作，通过数据的捕获、监测和分析全面把握阶段性的发展状况，同时吸纳国际上终身教育体系建设的基本经验。2017年，在北京市建设学习型城市工作领导小组办公室、北京市成人教育协会的大力支持下，基地项目组开展了首都市民终身学习状况调研。

调研分为问卷调查和访谈调查两个部分。

问卷调查主要针对北京市 16 个区的居民进行随机（分层）抽样调查，被调查群体界定为 18 岁及以上的成年人。2017 年 3 月至 12 月，问卷调查按照确定问卷维度及具体题目、试测和修订问卷、实施调查、数据统计与分析、形成报告五个步骤有序地展开。问卷由北京市成人教育协会以《关于开展北京市民终身学习状况问卷调查活动的通知》的形式，向北京各区教育委员会、各高等学校继续教育部门（开放大学）、各区社区学院（职工大学、社会教育中心、成人教育中心）、北京市成人教育学会各工作委员会发放，由各区教育委员会选择 3～5 个社区开展调查，在每个社区随机选择 30～50 个学习对象参与调查。截至 2017 年 10 月底，项目组共回收 1 597 份问卷，其中有效问卷为 1 584 份，有效率约为 99.2%。问卷调查从终身学习认识、终身学习现状、终身学习效果、终身学习困难、终身学习满意度与需求等维度展开，是对北京市民终身学习状况较为全面、系统的量性研究。

访谈调查主要针对终身教育管理者。2017 年 3 月至 12 月，访谈调查经过文献调研、访谈提纲开发与测试、访谈实施、结果分析和报告形成五个阶段顺利完成。东城社区学院院长张燕农、西城区社区学院院长张建国、金融街社区学院院长任志军、石景山社区学院院长杨霞、新街口社区学院院长马淑杰等及有关工作人员接受了访谈。访谈重点从对社区教育理念的认识、社区教育服务群体、运营模式、体系建设、资源建设、队伍建设、教育研究、活动开展、示范区评选、实践中存在的问题与不足、终身教育的发展趋势等方面展开。针对上述访谈对象都重点提到的数字化学习平台，项目组还选取东城学网、石景山社区学院网、顺义学习网、怀柔学习网、延庆终身学习网、学习型西城网、中关村学院网、朝阳社区学院网、兴学网9个资源较为丰富的社区教育数字化学习平台进行分析，了解北京市各社区教育数字化学习平台的发展现状及其对市民终身学习的作用。

虽然问卷调查和访谈调查是由两个研究小组分别展开的，但它们在研究方法上相互补充。问卷调查是对市民终身学习基本状况的一次摸底，采用经典量性研究的方法，对市民终身学习不同方面的状况做了初步的数据描述；访谈调查是对推进市民终身学习的管理者的一次调研，旨在了解他们在工作中取得的成就、遇到的困难和获得的体会。

研究结果表明，问卷调查和访谈调查在结论上是相互验证的。量性研究结果表明：第一，从总体来看，北京市各区已初步形成良好的终身学习氛围，市民对终身学习的意义和重要性的认识比较充分。在访谈中，我们还发现一些品牌终身学习项目发挥了重要的作用。第二，物理学习环境建设取得了重要进展，虚拟学习环境、数字化学习资源建设取得了长足进步。第三，乡村居民、低学历群体、低收入群体、待业群体等遇到的学习困难较多，减免终身学习费用是主要的学习需求之一，缺乏实用性课程是目前遇到的主要问题之一。

通过对质性研究中的个案进行分析，我们发现，学习资源、学习支持服务、学分银行全方位推进的局面已初步形成。通过质性研究，我们发现，政府重视不够、工作机制缺乏、终身教育队伍尚未形成等是这些问题背后的原因。

综合分析问卷调查和访谈调查的结果,我们可以得出一些有价值的政策建议。首先,在推进终身学习的体制机制上需要新举措,包括探索新的资金投入渠道、使人员设置常规化、发挥学分银行在激励市民终身学习中的作用等。其次,应进一步完善课程类型,课程设置不仅应考虑学习者的兴趣爱好,还应结合北京市社会经济发展需要开设课程。最后,网络学习(特别是移动学习)是未来终身学习的重要发展趋势,但结合老年人群体对面对面授课需求较高的现实,以及面对面学习交流在提高学习效果方面的重要作用,既要加大数字化学习平台、学习资源的投入,也要重视物理学习环境的建设(特别是社区物理学习环境的建设)。

本书是对上述调研成果的集中展示,共分为四章。第一章是北京市民终身学习现状及需求的调查研究报告,呈现了问卷调查的方法、数据、分析和结论。第二章到第四章从不同侧面展示了从问卷调查和访谈调查发掘出来的北京市民终身学习状况。其中,第二章是北京社区教育网络学习环境的现状调查研究,是综合北京市各社区数字化学习平台的文献调研、比较分析,以及对社区教育管理人员的访谈后,对社区数字化学习平台中资源的质量、平台利用率、与学分认证制度的结合状况、共建共享机制等方面的成就和问题的分析;第三章是北京市民终身学习研究,分别阐述了北京市民终身学习的三个亮点,即北京市中老年群体终身学习现状特征分析、北京市民终身学习创新实践、北京社区教育信息化实施路径创新研究;第四章是北京市民终身学习典型项目,总结了北京市民终身学习几个典型项目的成功经验。

"调查研究是谋事之基、成事之道。没有调查,就没有发言权,

更没有决策权。"①习近平同志的上述论断精确阐述了调查研究对于
政府决策的重要价值。教育部将建设社科专题数据库作为中国特色
新型智库建设的一项重要内容。智库的研究要以数据库为支撑，发
现问题、确定政策着眼点、开展政策实施后的效果评估都离不开数
据库。在当前对政府决策质量要求空前提高的大背景下，建立数据
库、用数据说话是智库强调实证研究范式、创新研究方法和手段的
必要基础，是助力政府部门决策研究的首选手段。本书展现的问卷
调查和访谈调查就是基地在这一方面做出的初步尝试，项目组在调
研方案设计、调研组织、数据分析等方面积累了经验，为今后形成
稳定的调研工作机制打下了良好的基础。

　　需要说明的是：本书的有些表格数据总数小于有效问卷数
（1 584 份），表格数据系勾选此项的总和，没有勾选此项的则不计
数。另外，个别统计类图表（尤其是附录中的一些图表）是从 SPSS
中直接导出的，个别图是测试问卷阶段的原始文件，为保证数据的
真实和原貌，在不影响理解的前提下，作者说服编辑，对其中的数
据显示不完整、软件省略小数点前的"0"、用字不规范等不做处理。

　　本书系基地承担的北京市教育委员会"直属单位业务发展——
北京开放大学终身教育研究基地建设"项目（项目编号：PXM2017-
014251-000011）的成果之一。本书的出版得到了北京开放大学的大
力支持和帮助。项目组也采纳了很多学者的建议，在此特别感谢北
京师范大学远程教育研究中心张伟远教授对本次调研的指导，非常
感谢首都师范大学教育学院乔爱玲教授、北京邮电大学教育技术研
究所王楠教授的悉心组织和实施。

---

　　① 习近平. 习近平在武汉召开部分省市负责人座谈会［EB/OL］.（2013-07-25）［2021-10-
09］. http://jhsjk.people.cn/article/22317375.

　　本书由原北京广播电视大学副校长、北京市成人教育学会会长张有声研究员，北京开放大学王晓霞副教授、吴亚婕副研究员共同编写而成。由于我们的学识、精力和条件所限，书中的不足之处在所难免，敬请各位专家、同行和读者批评指正。

编者

2021 年 6 月 18 日

目　录

第一章 北京市民终身学习现状及需求的调查研究报告

【摘　要】信息化教育的普及促使工业经济时代向知识经济时代极速转变，人们对知识的渴望和需求随着社会竞争的激烈逐渐增加，知识的获得也不再只通过学校教育期间的学习，而主要通过继学校教育之后的继续学习。21世纪的今天，全世界都在倡导全民学习、终身学习、深度学习。中国也主张"学习应贯穿人一生"的价值观，努力提高国民素质。北京市作为中华人民共和国的首都，是全国政治中心、文化中心和国际交往中心，其市民的终身学习现状、需求和困难等直接关系到北京市终身教育体系的构建与发展。本研究采用问卷调查的方法，通过随机（分层）抽样的方式，抽取北京市各区共 1 597 人，旨在调查北京市成人终身学习的现状、需求和困难，探讨北京市民终身学习的总体概况和不同群体之间学习状况的差异，并依据调查结果分析影响终身学习效果的相关因素，为北京市政府及北京市成人教育学会等单位提供相关政策参考和指引。

【关键词】北京市民；终身学习；学习状况；学习需求

一、研究背景与目的

21 世纪是一个全民学习、终身学习、深度学习的时代，人们身处"人人皆学、处处能学、时时可学"的学习型社会，个体的终身学习状况已经成为知识经济时代人们关注的焦点。事实上，20 世纪 90 年代，"终身教育"就已在我国得到重视。例如，1993 年 2 月，我国把发展终身教育写进了《中国教育改革和发展纲要》；1995 年 3 月颁布的《中华人民共和国教育法》进一步以法律法规的形式，确定了"建立和完善终身教育体系"的战略性任务。同时，党的十八大报告和党的十九大报告指出，加快建设学习型社会，完善终身教育体系，提升全民受教育水平。2010 年 7 月发布的《国家中长期教育改革和发展规划纲要（2010—2020 年）》也指出，"重视老年教育。……广泛开展城乡社区教育，加快各类学习型组织的建设，基本形成全民学习、终身学习的学习型社会。""构建灵活开放的终身教育体系。……搭建终身学习'立交桥'。促进各级各类教育纵向衔接、横向沟通"。[①] 为响应国家教育改革的号召，2010 年 12 月北京市发布的《北京市中长期教育改革和发展规划纲要（2010—2020 年）》也提到"充分发挥首都人才、智力和资源等方面的优势，进一步完善学习型城市建设的领导体制、运行机制，健全工作制度。建设充满创新精神和发展活力的知识化、国际化大都市"[②] 等有关终身学习的内容。2016 年 6 月，《北京市学习型城市建设行动计划（2016—2020）》发布，提出建设学习型城市行动计划的目标，"到 2020 年建成以完善的终身教育体系和

---

① 国家中长期教育改革和发展规划纲要工作小组办公室. 国家中长期教育改革和发展规划纲要（2010—2020 年）［EB/OL］.（2010-07-29）［2021-05-05］. http://www.moe.gov.cn/srcsite/A01/s7048/201007/t20100729_171904.html.

② 北京市教育委员会. 北京市中长期教育改革和发展规划纲要（2010—2020 年）［EB/OL］.（2011-10-23）［2021-05-05］. http://jw.beijing.gov.cn/xxgk/zfxxgkml/zfgkzcwj/zcjd/201912/t20191205_866927.html.

学习型组织为基础，以广大市民的良好素质为支撑，学习资源丰厚、学习氛围浓厚、创新活力涌现的学习型城市，为实现首都教育现代化、建设国际一流和谐宜居之都夯实基础，为率先全面建成小康社会贡献力量"[1]。2018 年，党的十九大报告提出，"办好继续教育，加快建设学习型社会，大力提高国民素质"[2]。2019 年，党的十九届四中全会明确指出，"构建服务全民终身学习的教育体系，发挥网络教育和人工智能优势，创新教育和学习方式，加快发展面向每个人、适合每个人、更加开放灵活的教育体系，建设学习型社会"[3]。

一方面，上述一系列方针、政策的出台标志着我国终身教育事业的发展已刻不容缓，我们必须重视建立包含"正规教育与非正规教育、普通教育与职业教育、职前教育与职后教育"纵向衔接与横向融通的终身教育体系。另一方面，在相关文献和方针、政策的指导下，我国学习型社会的建设、终身教育理论与实践已经取得重大进展。就学校教育来说，学前教育、义务教育、高中教育、职业教育、高等教育以及继续教育得到了蓬勃发展，各地区开放大学（广播电视大学）的建设与发展为市民的终身学习提供了多样化的选择和更为灵活方便的网络学习方式，打通了学历教育与非学历教育之间的通道。就学习型社会建设来说，中国已有近百个城市启动学习型城市建设，近 90% 的省市开展"全民终身学习活动周"，400 多个城市举办"读书节""读书月""读书季"活动，学习型企业、学

---

①　北京市教育委员会，等. 关于印发《北京市学习型城市建设行动计划（2016—2020 年）》的通知［EB/OL］.（2016-06-30）［2021-05-06］. https://dll.bjou.edu.cn/info/1078/1206.htm.

②　习近平. 决胜全面建成小康社会　夺取新时代中国特色社会主义伟大胜利：在中国共产党第十九次全国代表大会上的报告（2017 年 10 月 18 日）［EB/OL］.（2017-10-27）［2021-05-06］. http://www.gov.cn/zhuanti/2017-10/27/content_5234876.htm.

③　中共中央关于坚持和完善中国特色社会主义制度、推进国家治理体系和治理能力现代化若干重大问题的决定［EB/OL］.（2019-11-05）［2021-05-06］. http://www.gov.cn/zhengce/2019-11/05/content_5449023.htm.

习型机关、学习型社区、学习型家庭不断涌现。[①] 在不断实践的过程中，我国还涌现出一批以深入调研群众为基础形成的重要终身学习研究成果。例如，首都学习型社会研究院于 2013 年发布了《北京市成人"终身学习素养"研究报告》，通过调查、分析首都 2 万名市民的终身学习素养现状和特征，作者希望政府和社会关注中老年群体的终身学习。[②] 上海终身教育研究院于 2015 年出版的《2014 上海终身教育发展报告：汇聚力量　整固基础》揭示了上海万名老年人的学习状况、上海老年教育支持服务体系的建设情况、社区学院及老年大学的发展动向和建设概况等。[③] 2013 年 10 月，联合国教育、科学及文化组织（简称联合国教科文组织）在北京召开首届国际学习型城市大会，交流各国建设学习型城市的进展和经验，进一步推动世界领域终身学习的发展。我国代表向其他各国全面介绍了中国推进终身学习（特别是建设学习型城市）进展的情况，并向大会提交了北京、上海、常州、深圳等 16 个学习型城市建设的案例。

近几年，北京市在学习型城市示范区建设、职工继续教育示范基地建设、新型职业农民培养培训、家庭教育与家风建设、社区教育指导师培训以及老年教育等方面都取得了一系列成果。北京市各机关、各社区等组织的终身学习活动进行得如火如荼，但通过现有研究，不难发现一些问题：终身学习网站的访问率和终身学习资源的利用率不高；市民对于教育的巨大需求与有限的教育资源、服务之间存在巨大鸿沟，缺乏有效、完善的终身学习管理机制；缺乏针对北京市民终身学习现状大规模的实证研究；等等。毋庸置疑，北

---

① 郝克明. 让学习伴随终生：上海国际终身学习论坛文集［M］. 北京：高等教育出版社，2011：30—42.

② 郑勤华，马东明，陈丽，等. 北京市成人"终身学习素养"现状及特征分析——基于 2012 年大规模抽样调查数据的探讨［J］. 现代远距离教育，2014（1）：3—15.

③ 上海终身教育研究院. 2014 上海终身教育发展报告　汇聚力量　整固基础. 上海：上海人民出版社，2015.

京市民的学习需求会随着学习型城市的建设和推进发生改变。目前北京市民的终身学习现状是怎样的，他们的学习效果如何，学习过程中存在什么问题，有什么学习需求等，这些都需要教育研究者进行调查和了解，以便更好地为北京市民的终身学习服务。

本研究旨在通过调查北京市民终身学习的现状、需求及存在的问题，有针对性地对数据进行分析，并根据研究结果提出相应的对策和建议，为北京市学习型社会的建设和终身学习体系的构建提供理论依据和决策参考。

二、研究方法、研究工具、研究过程及统计工具

（一）研究方法

本研究采用文献研究和问卷调查的方法。我们通过对相关终身学习文献的调研，构建了"北京市民终身学习现状和需求"的问卷量表，然后随机选取一定数量的样本对此问卷进行先行性测试，测量其有效性及稳定性，以形成最终问卷。针对最终问卷，我们选取北京市 16 个区的居民进行了抽样调查。由于个体在中小学学校教育期间不缺乏学习的动力和机会，其之后参与的继续教育更符合终身学习的规律，因此本研究将被调查的群体界定为 18 岁以上的成年人。

（二）研究工具

我们采用自行编制的问卷量表对北京市民的终身学习现状和需求进行了调查。问卷量表包括两部分：个人基本信息与问卷量表题目，其中第二部分涵盖 5 个维度 88 道题项。我们邀请了北京师范大学、北京邮电大学、北京理工大学、首都师范大学等高校的 6 位专

家和 8 位研究助理多次对其进行内容效度验证，并选取一定数量的样本，对其进行 2 轮先行性测试，以检验问卷的信度。最终问卷采纳了 6 位专家的建议，确定为 108 道题项，其中，量表内有 88 道题项，还有 20 道勾选题和开放式问题。

以下是对问卷的主要维度、具体指标、对应题目的归类（88 道题项）。调查问卷设计的维度划分如表 1-1 所示。

表 1-1　调查问卷设计的维度划分

主要维度	具体指标	对应题目
终身学习认识	含义	1 ~ 5
	态度	6 ~ 7
	认识渠道	8
	习惯培养	9 ~ 11
终身学习现状	学习动机	12 ~ 24
	学习时间	15（个人信息）
	学习内容	18（个人信息）
	学习方式	25 ~ 34
	学习场所	35 ~ 40
	学习费用	16（个人信息）
终身学习效果	专业技能	43，53
	综合能力	44 ~ 50，57，58
	学习态度转变	41，42，51，52
	生活体验	54 ~ 56
终身学习困难	学习困难	80 ~ 88
终身学习满意度与需求	满意度	59 ~ 66
	需求	67 ~ 79

（三）研究过程

研究过程的第一步是先行性测试，即选择一定数量的样本，对设计好的问卷进行 2 轮试测。本研究的试测样本选自北京市成人教育学会下属单位的职工群体，共计 52 人。一测共发放问卷 52 份，收回问卷 52 份，其中有效问卷为 27 份，问卷有效率约为 51.9%，此 27 人数据的信度分析结果显示，整体 α 系数为 0.979，信度系数较高，量表的信度质量较好。二测选取相同的 27 人（2 轮测试都需要测试者填写自己的姓名，终测不需要）来填写问卷，并对这 27 人的 2 轮测试数据进行重测信度（test-retest reliability）分析。数据分析结果显示，重测信度系数是 0.975。相关系数大，表示前后测的一致性高、稳定性好。最后根据 2 轮试测的结果，我们对问卷的相关题目进行了监测、修改与调整。

正式的问卷调查于 2017 年 9 月 6 日至 10 月 20 日进行，问卷形式为纸质版，并且由研究人员现场指导调查对象填写，以便能够在最短时间内收回问卷。

（四）统计工具

我们应用社会科学统计软件包（SPSS 19.0）对收集的数据进行了统计分析，得出结果。

三、研究结果

研究结果大体可分为 3 方面：有效样本群体特征分布情况、北京市民终身学习现状总体概况、不同群体间终身学习现状和需求的差异性。具体结果如下。

（一）有效样本群体特征分布情况

本研究在北京市 16 个区进行了有关北京市民终身学习现状的调

查研究，总共收回问卷 1 597 份，其中有效问卷为 1 584 份，问卷有效率约为 99.2%。对有效样本进行初步分析后，得到其群体特征分布情况如下。

1. 有效样本"所在区"分布情况

有效样本"所在区"分布情况如表 1-2 所示。

表 1-2 有效样本"所在区"分布情况 [①]

所在区	样本数量 / 人	样本数量占总样本数量的百分比 *
东城区	39	2.5%
西城区	43	2.8%
朝阳区	122	7.8%
丰台区	178	11.4%
石景山区	23	1.5%
海淀区	123	7.9%
房山区	180	11.6%
通州区	166	10.7%
顺义区	117	7.5%
昌平区	72	4.6%
大兴区	66	4.2%
门头沟区	9	0.6%
怀柔区	5	0.3%
平谷区	185	11.9%
密云区	175	11.2%
延庆区	55	3.5%

* 系各区勾选人数与总勾选人数的比率。

[①] 说明：表格数据是从 SPSS 直接导出的。表格数据总数小于有效问卷（1 584 份）的原因在于：本表格有 1 558 人勾选此项，26 人没有勾选此项，表格数据系勾选此项的总和。以下各表表格数据总数小于有效问卷的都是如此。

2．有效样本"城乡"分布情况

有效样本"城乡"分布情况如表1-3所示。

表1-3 有效样本"城乡"分布情况

现生活的区域	样本数量／人	样本数量占总样本数量的百分比＊
城区	843	64.3%
城乡接合部	175	13.3%
乡镇	211	16.1%
农村	82	6.3%

＊系各生活区域勾选人数与总勾选人数的比率。

3．有效样本"性别"分布情况

有效样本"性别"分布情况如表1-4所示。

表1-4 有效样本"性别"分布情况

性别	样本数量／人	样本数量占总样本数量的百分比＊
男	513	33.2%
女	1 034	66.8%

＊系不同性别人数与总勾选人数的比率。

4．有效样本"年龄"分布情况

有效样本"年龄"分布情况如表1-5所示。

表1-5 有效样本"年龄"分布情况

年龄	样本数量／人	样本数量占总样本数量的百分比＊
44岁及以下	874	56.3%
45岁及以上	678	43.7%

＊系各年龄段勾选人数与总勾选人数的比率。

5. 有效样本"文化程度"分布情况

有效样本"文化程度"分布情况如表 1-6 所示。

表 1-6 有效样本"文化程度"分布情况

文化程度	样本数量 / 人	样本数量占总样本数量的百分比*
高中及以下	353	22.6%
中专 / 中职	151	9.6%
大专 / 高职	370	23.6%
本科	567	36.2%
硕士、博士	124	7.9%

* 系各文化程度勾选人数与总勾选人数的比率。

6. 有效样本"就业单位"分布情况

有效样本"就业单位"分布情况如表 1-7 所示。

表 1-7 有效样本"就业单位"分布情况

就业单位	样本数量 / 人	样本数量占总样本数量的百分比*
企业	397	26.1%
党政机关	92	6.0%
事业单位	566	37.2%
其他	467	30.7%

* 系各就业单位类型勾选人数与总勾选人数的比率。

7. 有效样本"职业种类"分布情况

有效样本"职业种类"分布情况如表 1-8 所示。

表 1-8 有效样本"职业种类"分布情况

职业种类	样本数量 / 人	样本数量占总样本数量的百分比 *
政府机关党群组织负责人或中高层官员	34	2.4%
企事业单位管理人员	220	15.8%
各类专业技术人员	231	16.6%
政府机关、企事业单位普通职工	379	27.2%
技术工人	128	9.2%
非技术工人	49	3.5%
农民 / 牧民 / 渔民	32	2.3%
自由职业 / 个体从业者	52	3.7%
商业和服务业人员	90	6.5%
不便分类的其他劳动者	176	12.7%

* 系各职业种类勾选人数与总勾选人数的比率。

8. 有效样本"工作年限"分布情况

有效样本"工作年限"分布情况如表 1-9 所示。

表 1-9 有效样本"工作年限"分布情况

工作年限	样本数量 / 人	样本数量占总样本数量的百分比 *
10 年及以下	477	32.7%
11 ~ 20 年	344	23.6%
21 ~ 30 年	324	22.2%
31 年及以上	312	21.4%

* 系各工作年限勾选人数与总勾选人数的比率。

9. 有效样本"收入水平"分布情况

有效样本"收入水平"分布情况如表 1-10 所示。

表 1–10　有效样本"收入水平"分布情况

年总收入	样本数量 / 人	样本数量占总样本数量的百分比 *
3 万元以下	402	27.1%
3 万 ~ 6 万元	507	34.2%
6 万 ~ 9 万元	317	21.4%
9 万元及以上	258	17.4%

* 系各分段年总收入勾选人数与总勾选人数的比率。

10. 周边有无图书馆、老年大学、社区学习中心等公共学习环境情况

居住地或工作场所周边有无图书馆、老年大学、社区学习中心等公共学习环境情况如表 1–11 所示。

表 1–11　周边有无图书馆、老年大学、社区学习中心等公共学习环境情况

有无公共学习环境	样本数量 / 人	样本数量占总样本数量的百分比 *
无	472	31.8%
有	1 014	68.2%

* 系两类勾选人数与总勾选人数的比率。

有效样本的群体特征主要包括所在区、城乡分布情况（居住地）、性别、年龄、文化程度、就业单位、职业种类、工作年限、收入水平，以及周边有无图书馆、老年大学、社区学习中心等公共学习环境等。上述特征的分析有助于探讨北京市不同人群终身学习的现状和需求。经分析，样本背景信息的主要特征如下：样本所在区主要集中在平谷区、房山区、丰台区、密云区、通州区；分布偏重城区；从性别上来看，女性占 66.8%，男性占 33.2%；从年龄上来看，青年群体（44 岁及以下）和中老年群体（45 岁及以上）的占比

相差不是太大，即调查群体中多一半（56.3%）是青年人，少一半（43.7%）是中老年人；就文化程度来说，大部分样本的受教育程度较高，文化程度大都在高中以上；从就业单位来看，事业单位的样本占比较大；大部分群体的居住地或工作场所附近有公共学习环境，保障了市民的基本学习条件。本研究在分析时，将从终身学习认识、终身学习现状、终身学习效果、终身学习困难、终身学习需求等维度入手，在分析不同年龄段时，分为青年群体（44岁及以下）和中老年群体（45岁及以上）两组。

（二）北京市民终身学习现状总体概况

1. 学习时间与学习费用

北京市民每周的学习时间如图 1-1 所示。

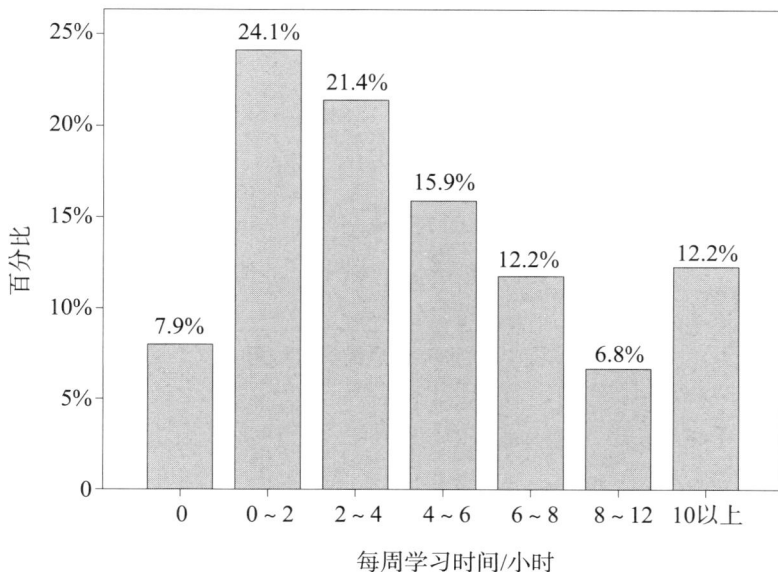

图 1-1　北京市民每周的学习时间

由图 1-1 可知，在调查样本中，24.1% 的市民每周的学习时间为 0 ~ 2 小时，21.4% 的市民每周的学习时间为 2 ~ 4 小时，15.9% 的市民每周的学习时间为 4 ~ 6 小时，并且有 12.2% 的市民每周的学习时间在 10 小时以上。以天作为计量单位，我们可以推出大部分市民每天的学习时间不超过 1 小时，学习时间较少。通过交叉比对职业状态和学习时间，我们可以看出全职群体与退休和待业群体相比每周的学习时间更长，所以政府需推出相应的机制鼓励退休和待业群体延长学习时间。

北京市民的学习费用如图 1-2 所示。

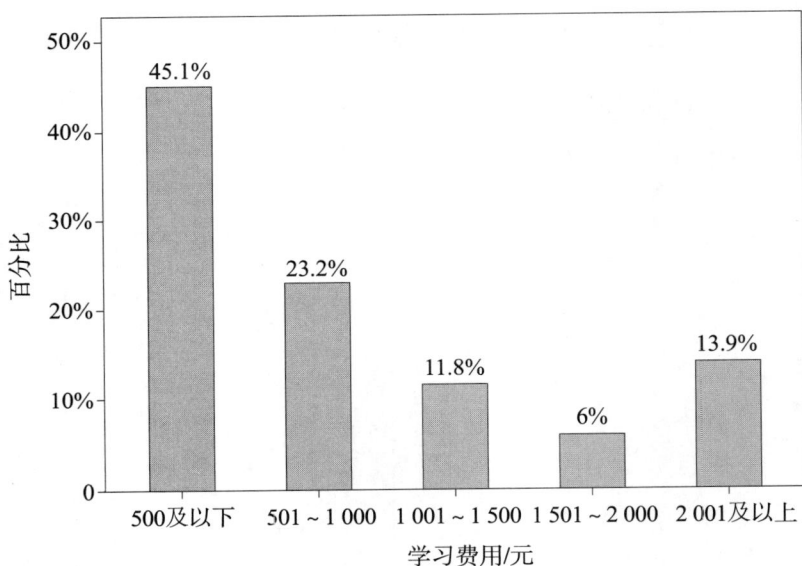

图 1-2 北京市民的学习费用

由图 1-2 可知，在调查样本中，45.1% 的市民每年的学习费用在 500 元以下，23.2% 的市民每年的学习费用为 500 ~ 1 000 元，11.8% 的市民每年的学习费用为 1 001 ~ 1 500 元，6% 的市民每年的学习费用为 1 501 ~ 2 000 元，13.9% 的市民每年的学习费用在 2 001 元以上。通过与个人年总收入的对比分析，我们可以得出大部分市民对每年的学习费用投入较少，约占其个人年总收入的 3.33%。

2．对终身学习的认识

北京市民对终身学习的认识如表 1-12 所示。

表 1-12　北京市民对终身学习的认识

对终身学习的认识	样本数量 / 人	同意 / 非常同意（百分比）	中立（百分比）	不同意 / 极不同意（百分比）
活到老、学到老	1 105	1 021（92.4%）	65（5.9%）	17（1.5%）
学习有助于个人发展、家庭和睦、身体健康	1 050	951（90.6%）	85（8.1%）	13（1.2%）
积极参与社区或街道组织的学习活动和相关课程	1 011	841（83.2%）	141（13.9%）	26（2.6%）
主动学习新知识、探究新事物	1 014	824（81.3%）	169（16.7%）	16（1.6%）
将所学知识运用到生活和实践中	1 025	841（82.0%）	161（15.7%）	20（2.0%）

由表 1-12 可知，98.3% 的人对终身学习持较为积极的态度；98.7% 的人认为终身学习对个人发展、家庭和睦、身体健康有益；98.4% 的人对主动学习新知识、探究新事物较为积极；98% 的人能够较为主动地将所学知识运用到生活和实践中；97.1% 的人能够较为积极地参与社区或街道组织的学习活动和相关课程。

3．学习动机

北京市民的学习动机如表 1-13 所示。

表 1-13　北京市民的学习动机

学习动机	样本数量 / 人	一致 / 非常一致（百分比）	中立（百分比）	不一致 / 完全不一致（百分比）
大脑保持灵活	1 021	836（81.9%）	150（14.7%）	28（2.7%）
不被社会淘汰	1 000	809（80.9%）	146（14.6%）	39（3.9%）
个人的兴趣爱好	1 050	832（79.2%）	172（16.4%）	39（3.7%）
闲暇生活过得更充实	1 013	801（79.1%）	163（16.1%）	41（4.0%）
认识新朋友、扩大社交圈子	989	708（71.6%）	219（22.1%）	48（4.9%）

由表 1-13 可知，北京市民坚持参加各类终身学习活动最主要的动机包括保持大脑的灵活性（96.6%），满足个人的兴趣爱好（95.6%），提升自身的竞争力而不被社会淘汰（95.5%），充实自己的闲暇生活（95.2%），以及扩大自己的朋友圈子（93.7%）。

4. 学习方式

北京市民喜欢的学习方式如表 1-14 所示。

表 1-14　北京市民喜欢的学习方式

喜欢的学习方式	样本数量/人	喜欢/非常喜欢（百分比）	一般（百分比）	不喜欢/很不喜欢（百分比）
使用智能手机	1 053	722（68.6%）	268（25.5%）	53（5.0%）
上网搜索资料	1 018	709（69.6%）	232（22.8%）	60（5.9%）
使用微信公众号、微信、微博、QQ	1 051	689（65.6%）	275（26.2%）	76（7.2%）
面授教学和在线学习相结合	1 012	711（70.3%）	220（21.7%）	54（5.3%）
在线学习	967	584（60.4%）	288（29.8%）	70（7.2%）
小组学习	949	582（61.3%）	295（31.1%）	47（5.0%）

由表 1-14 可知，目前北京市民最青睐的学习方式是喜欢使用智能手机（94.1%）、上网搜索资料（92.4%）、小组学习（92.4%）、面授教学和在线学习相结合的混合教学模式（92%）。

5. 学习场所

北京市民的终身学习场所如表 1-15 所示。

表 1-15　北京市民的终身学习场所

终身学习场所	样本数量/人	一致/非常一致（百分比）	中立（百分比）	不一致/完全不一致（百分比）
自己家里	1 021	698（68.4%）	240（23.5%）	71（7.0%）
网络环境	960	597（62.2%）	246（25.6%）	75（7.8%）

终身学习场所	样本数量/人	一致/非常一致（百分比）	中立（百分比）	不一致/完全不一致（百分比）
培训中心	993	587（59.1%）	291（29.3%）	86（8.7%）
大学或专业学院	949	542（57.1%）	238（25.1%）	118（12.4%）
图书馆、博物馆等公共场所	979	539（55.1%）	287（29.3%）	118（12.1%）
社区学习中心	978	520（53.2%）	301（30.8%）	127（13.0%）

在终身学习场所的选择上，与学习方式相一致，在自己家里学习（91.9%）、在培训中心（88.4%）学习、在网络环境下学习（87.8%）是目前北京市民最主要的终身学习场所，以支持开展线上与线下相结合的网络教育。

6. 学习需求

北京市民的终身学习需求如表1-16所示。

表1-16　北京市民的终身学习需求

终身学习需求	样本数量/人	期望/非常期望（百分比）	中立（百分比）	不期望/完全不期望（百分比）
免费的学习培训活动	1 000	765（76.5%）	196（19.6%）	31（3.1%）
家庭生活类（实用性较强）课程	997	759（76.1%）	195（19.6%）	35（3.5%）
多样化的学习方式（线上与线下相结合的方式）	975	712（73.0%）	210（21.5%）	35（3.6%）
社区组织的集中教育学习	940	619（65.9%）	259（27.6%）	54（5.6%）
专业的培训机构	936	671（71.7%）	213（22.8%）	37（4.0%）

目前，北京市民的终身学习需求依次为免费的学习培训活动（96.1%）、家庭生活类（实用性较强）课程（95.7%）、多样化的学习方式（线上与线下相结合的方式）（94.5%）、专业的培训机构（94.5%）、社区组织的集中教育学习（93.5%）。

7. 学习困难

北京市民在终身学习中面临的困难如表 1–17 所示。

表 1–17　北京市民在终身学习中面临的困难

终身学习中面临的困难	样本数量 / 人	一致 / 非常一致（百分比）	中立（百分比）	不一致 / 完全不一致（百分比）
缺乏实用性课程	971	539（55.5%）	326（33.6%）	67（6.9%）
缺乏时间和精力	969	547（56.4%）	293（30.2%）	95（9.8%）
缺乏社区的学习氛围	944	452（47.9%）	349（37.0%）	106（11.2%）
学费太贵	942	454（48.2%）	310（32.9%）	123（13.1%）
对现有课程不感兴趣	926	423（45.7%）	370（40.0%）	94（10.2%）

由表 1–17 可知，缺乏实用性课程（89.1%）、缺乏时间和精力（86.6%）、对现有课程不感兴趣（85.7%）是目前北京市民在终身学习中面临的最主要的困难。

（三）不同群体间终身学习现状和需求的差异性

1. 城区和乡村居民终身学习各维度特征和差异性分析

本研究在对居民所在区调查的同时，进一步按"城区""城乡接合部""乡镇""农村"的地域划分，详细调查了居民的居住区域，以期深入分析不同地域的居民在终身学习认识、终身学习方式、终身学习场所、终身学习效果、终身学习困难、终身学习满意度与终身学习需求等维度上的差异。

城区和乡村居民各维度水平的描述统计和方差分析如表 1–18 所示。

表 1-18 城区和乡村居民各维度水平的描述统计和方差分析

调研维度	现居住地	N	均值	标准差	F	P 值
终身学习认识	城区	756	4.311 7	0.611 35	0.077	0.000**
	乡村	241	4.057 3	0.712 72		
终身学习方式	城区	748	3.908 7	0.801 25	0.188	0.000**
	乡村	240	3.676 2	0.792 13		
终身学习场所	城区	744	3.759 5	0.851 22	0.053	0.019*
	乡村	240	3.611 9	0.826 02		
终身学习效果	城区	744	4.048 6	0.717 57	0.023	0.000**
	乡村	240	3.835 0	0.749 45		
终身学习困难	城区	712	3.431 5	1.023 90	3.687	0.468
	乡村	231	3.486 1	0.895 65		
终身学习满意度	城区	735	3.866 0	0.777 51	0.055	0.029*
	乡村	236	3.739 5	0.751 44		
终身学习需求	城区	737	3.916 1	0.808 23	0.356	0.031*
	乡村	235	3.787 1	0.758 16		

注：** 代表在 0.01 水平下显著，* 代表在 0.05 水平下显著。

为合理分析数据，本研究将城区和城乡接合部归为城区，将乡镇和农村归为乡村，分为城区和乡村两类。统计结果表明，终身学习认识、终身学习方式、终身学习效果各维度对应的 P 值分别为0.000，0.000，0.000，均小于0.05，这说明城区和乡村居民在终身学习认识、终身学习方式、终身学习效果上具有显著差异，即城区和乡村居民对终身学习的认识、自身的学习方式和学习取得的效果不一致。结合描述统计结果（均值），我们可以看出，城区居民的终身学习认识、终身学习方式、终身学习效果的整体水平要高于乡村居民。根据对地域—文化程度—收入—认识等变量的相关分析推测，原因可能是：第一，城区居民相对于乡村居民来说受教育程度更高，工资收入更高，对于终身学习的益处和必要性的认识更深入。第二，城区居民所处的地理位置良好、学习资源丰富、学习条件优越，积极参与社区、单位组织的学习活动，且在一定程度上有多余的资金去购买一些智能设备（如平板电脑、智能手机等）进行碎片化学习，所以其表现出对相关技术的熟练程度、搜索学习资料的途径方法等水平要高于乡村居民。统计结果表明，终身学习场所、终身学习满意度、终身学习需求各维度对应的 P 值分别为 0.019，0.029，0.031，均小于 0.05，说明城区和乡村居民在终身学习场所、终身学习满意度、终身学习需求方面具有 0.05 水平下的显著差异。而终身学习困难 P 值为 0.468，大于 0.05，这说明城区和乡村居民在终身学习困难方面不具有显著差异。

2. 不同性别居民在各维度水平上表现的特征和差异分析

（1）对不同性别居民在各维度水平上表现的特征和差异进行分析，统计结果如表 1-19 所示。

表 1-19　不同性别居民各维度水平的 t 检验结果

调研维度	性别	N	均值	标准差	t	P 值
终身学习认识	男	368	4.183 7	0.680 56	−1.792	0.073
	女	784	4.257 5	0.637 88		
终身学习方式	男	365	3.813 2	0.866 19	−0.411	0.681
	女	777	3.835 3	0.797 00		
终身学习场所	男	364	3.679 6	0.908 67	−0.538	0.591
	女	769	3.709 6	0.861 74		
终身学习效果	男	362	3.920 8	0.805 15	−1.325	0.186
	女	767	3.987 1	0.738 43		

调研维度	性别	N	均值	标准差	t	P 值
终身学习困难	男	343	3.481 4	1.029 46	0.829	0.407
	女	738	3.426 4	1.009 74		
终身学习满意度	男	357	3.768 8	0.839 14	−1.186	0.236
	女	752	3.828 7	0.759 84		
终身学习需求	男	355	3.806 8	0.846 20	−1.704	0.089
	女	761	3.896 1	0.801 90		

统计结果表明，不同性别的居民在各维度双侧检验的显著性水平，P 值均大于 0.05，我们可以认为不同性别的居民在终身学习认识、终身学习方式、终身学习场所、终身学习效果、终身学习困难、终身学习满意度与终身学习需求等方面均无显著差异，这说明不同性别的居民在终身学习认识、终身学习现状和终身学习效果等方面差异不明显，也说明现阶段关于居民的终身学习现状，以及对终身学习效果、机构建设的满意度和需求等无性别差异。

（2）不同性别居民的学习时间和学习费用差异情况。

不同性别居民的学习时间和学习费用组统计量如表 1-20 所示。

表 1-20　不同性别居民的学习时间和学习费用组统计量

学习时间和费用	性别	N	均值	标准差	均值的标准误
学习时间	男	507	3.64	1.843	0.082
	女	1 003	3.71	1.800	0.057
学习费用	男	487	2.22	1.381	0.063
	女	974	2.21	1.438	0.046

不同性别居民的学习时间和学习费用独立样本检验如表 1-21 所示。

表 1–21　不同性别居民的学习时间和学习费用独立样本检验

		方差方程的 Levene 检验		均值方程的 t 检验					差分的95% 置信区间	
		F	Sig.	t	df	Sig.（双侧）	均值差值	标准误差值	下限	上限
学习时间	假设方差相等	0.172	0.678	−0.686	1 508	0.493	−0.068	0.099	−0.262	0.126
	假设方差不相等	—	—	−0.681	995.110	0.496	−0.068	0.100	−0.263	0.128
学习费用	假设方差相等	0.903	0.342	0.143	1 459	0.886	0.011	0.079	−0.143	0.166
	假设方差不相等	—	—	0.145	1 007.700	0.884	0.011	0.078	−0.141	0.164

　　根据表 1–21 中的结果，学习时间和学习费用的 Sig.（双侧）值大于 0.05，它说明不同性别居民在"学习时间"和"学习费用"的投入上没有显著区别，即男女群体每周的学习时间和每年的学习费用是相同的。根据表 1–20 可以得出，大部分男女群体每周的学习时间集中在 5 小时左右，以周来衡量，投入学习的时间相对较少；每年的学习费用在 1 000 元左右，大约占其个人年总收入的 3.33%，这说明在他们的消费支出中学习费用的占比较小。对"个人年总收入"与"学习费用"做相关性分析（$P = 0.000$，在 0.01 水平上显著相关，相关系数为 0.24），结果显示两者之间呈正相关关系，这说明个人年总收入越多，每年的学习费用越多。

　　3. 不同年龄段居民在各维度水平上的特征及差异分析

　　（1）对青年群体（44 岁及以下）与中老年群体（45 岁及以上）在各维度上表现出的特征和差异进行分析，统计结果如表 1–22 所示。

表 1-22　不同年龄段居民各维度水平的方差分析结果

调研维度	年龄	N	均值	标准差	F	P 值
终身学习认识	44 岁及以下	682	4.272 7	0.653 00	0.522	0.020*
	45 岁及以上	464	4.180 4	0.664 31		
终身学习方式	44 岁及以下	677	4.051 4	0.662 87	34.259	0.000**
	45 岁及以上	457	3.490 9	0.933 02		
终身学习场所	44 岁及以下	674	3.809 5	0.777 87	33.653	0.000**
	45 岁及以上	451	3.520 0	1.015 78		
终身学习效果	44 岁及以下	671	4.075 1	0.694 78	10.050	0.000**
	45 岁及以上	450	3.793 0	0.860 60		
终身学习困难	44 岁及以下	661	3.578 4	0.877 77	27.002	0.000**
	45 岁及以上	412	3.197 6	1.201 45		
终身学习满意度	44 岁及以下	666	3.890 2	0.758 76	5.781	0.000**
	45 岁及以上	435	3.671 2	0.859 75		
终身学习需求	44 岁及以下	668	3.992 4	0.701 38	46.102	0.000**
	45 岁及以上	442	3.680 5	0.969 06		

注：** 代表在 0.01 水平下显著，* 代表在 0.05 水平下显著。

统计结果表明，青年群体与中老年群体在终身学习认识、终身学习方式、终身学习场所、终身学习效果、终身学习困难、终身学习满意度与终身学习需求等维度上具有显著差异（P 值均小于 0.05），原因可能是青年群体的工作和生活压力较大，他们没有太多的时间和精力进行终身学习，所以其学习动机与中老年群体的水平差异不显著。从"均值"列可以得出，青年群体在这 7 个维度的水平显著高于中老年群体。不难发现，第一，随着时代的发展和国家对学习型社会的提倡，大部分青年人或还在读书，或刚刚步入工作岗位，他们明确认识到终身学习对个人事业发展和自身素质提高的作用，学习动机除获得知识、丰富生活、增加兴趣外，更多的是获得更多的工作技能，这也决定了他们往往有更全面的对终身学习的认知，以及更好地利用学习条件、学习场所，优化学习方式和水平。第二，随着计算机技术的不断普及，青年人的学习方式更加多元化，除面授教学外，在线学习环境下随时随地的学习也为他们提供了更多的学习机会和学习时间，终身学习效果相对较好。同时，随着所学习知识的广度和深度拓展，青年人在学习上遇到的困难、学习的需求越来越多。大部分中老年人即将退休或者已经退休，对在线学习环境下的技术操作不熟练、学习氛围不习惯，这都使他们更倾向于面授教学，学习的内容也更倾向于中医、书法、插花等有利于提升自身生活品质的课程，而技术类课程不多，同时他们对于学习场所的要求较多，希望政府能提供更多便利的学习场所，并且增加课程种类。

（2）青年群体与中老年群体的学习时间和学习费用差异情况。青年群体与中老年群体的学习时间和学习费用组统计量如表 1-23 所示。

表 1-23　青年群体与中老年群体的学习时间和学习费用组统计量

学习时间和费用	年龄	N	均值	标准差	均值的标准误差
学习时间	44 岁及以下	861	3.87	1.827	0.062
	45 岁及以上	653	3.45	1.779	0.070
学习费用	44 岁及以下	847	2.54	1.511	0.052
	45 岁及以上	615	1.73	1.136	0.046

青年群体与中老年群体的学习时间和学习费用独立样本检验如

表 1-24 所示。

表 1-24 青年群体与中老年群体的学习时间和学习费用独立样本检验

学习时间和费用		方差方程的 Levene 检验		均值方程的 t 检验					差分的 95% 置信区间	
		F	Sig.	t	df	Sig.（双侧）	均值差值	标准误差值	下限	上限
学习时间	假设方差相等	0.832	0.362	4.477	1 512	0.000**	0.420	0.094	0.236	0.604
	假设方差不相等	—	—	4.493	1 422.372	0.000**	0.420	0.093	0.236	0.603
学习费用	假设方差相等	144.139	0.000	11.263	1 460	0.000**	0.815	0.072	0.673	0.957
	假设方差不相等	—	—	11.772	1 458.272	0.000**	0.815	0.069	0.679	0.951

注：** 代表在 0.01 水平下显著。

根据表 1-24 中的 Sig.（双侧）值〔Sig.（双侧）值均小于 0.01〕，它说明青年群体和中老年群体在学习时间和学习费用的投入上具有显著差异，即青年群体和中老年群体每周的学习时间和每年的学习费用是不同的。进一步地，根据表 1-23 可以得出，青年群体每周的学习时间集中在 4~6 小时，中老年群体每周的学习时间集中在 2~4 小时；青年群体每年的学习费用在 1 000 元左右，中老年群体每年的学习费用在 500 元左右。这说明，在学习方面，青年群体的时间投入和金钱投入都要比中老年群体多。

（3）青年群体与中老年群体在学习内容上的差异分析。有无参加学习活动和年龄交叉表如表 1-25 所示。

表 1–25　有无参加学习活动和年龄交叉表

有无参加学习活动		年龄		合计
		44 岁及以下	45 岁及以上	
无	样本数量	295	191	486
	年龄中的百分比	33.8%	28.2%	31.3%
有	样本数量	579	487	1 066
	年龄中的百分比	66.2%	71.8%	68.7%
合计	样本数量	874	678	1 552
	年龄中的百分比	100.0%	100.0%	100.0%

　　表 1–25 显示，在 874 名青年人（44 岁及以下）中，66.2% 的青年人会参加一些学习活动；在 678 名中老年人（45 岁及以上）中，71.8% 的中老年人也会参加一些学习活动。这表明，调研最近一年绝大部分青年人或中老年人都参加过一些学习活动。

　　根据表 1–26 可知，参加过学习活动的 579 名青年人对兴趣班的主要选择从多到少依次是英文班、健体运动班、计算机班、培训班；对培训课程的主要选择依次是文学、商业、教育、历史。487 名中老年人对兴趣班的主要选择从多到少依次是健康常识、计算机班、唱歌班、健体运动班、老人常见疾病及预防、舞蹈班、手工艺班、插花、英文班；对培训课程的主要选择依次是文学、历史、教育、心理学。

表 1–26　年龄与所学内容的卡方分析

题项	选项	年龄		χ^2	P 值
		44 岁及以下	45 岁及以上		
你有无参加过学习活动	有	579（66.2%）	487（71.8%）	5.531	0.019
	无	295（33.8%）	191（28.2%）		
合计		874（100%）	678（100%）		

续表

题项	选项	年龄		χ^2	P 值
		44 岁及以下	45 岁及以上		
你参加过哪种兴趣班或课程	英文班	148（16.9%）	68（10.0%）	—	—
	普通话班	31（3.5%）	30（4.4%）	—	—
	计算机班	137（15.7%）	124（18.3%）	—	—
	健体运动班	138（15.8%）	106（15.6%）	—	—
	唱歌班	48（5.5%）	113（16.7%）	—	—
	培训班	109（12.5%）	53（7.8%）	—	—
	就业指导	36（4.1%）	17（2.5%）	—	—
	创业培训	30（3.4%）	12（1.8%）	—	—
	义工训练	23（2.6%）	21（3.1%）	—	—
	健康常识	72（8.2%）	125（18.4%）	—	—
	老人常见疾病及预防	29（3.3%）	83（12.2%）	—	—
	人际关系	45（5.1%）	23（3.4%）	—	—
	舞蹈班	57（6.5%）	77（11.4%）	—	—
	手工艺班	66（7.6%）	74（10.9%）	—	—
	烹饪	67（7.7%）	54（8.0%）	—	—
	插花	87（10.0%）	74（10.9%）	—	—
	绘画	65（7.4%）	56（8.3%）	—	—
	商业	98（11.2%）	36（5.3%）	—	—
	历史	95（10.9%）	75（11.1%）	—	—
	文学	103（11.8%）	97（14.3%）	—	—
	政治	52（5.9%）	38（5.6%）	—	—
	教育	96（11.0%）	57（8.4%）	—	—
	宗教	13（1.5%）	14（2.1%）	—	—
	社会科学	62（7.1%）	34（5.0%）	—	—
	心理学	81（9.3%）	55（8.1%）	—	—
	自然科学	36（4.1%）	39（5.8%）	—	—

4. 采取不同居住方式的群体在各维度水平上的特征和差异分析

我们对采取不同居住方式的群体在各维度上表现出的特征和差异进行分析，统计结果如表 1-27 所示。

表 1-27　采取不同居住方式的群体各维度水平的描述统计和方差分析

调研维度	居住方式	N	均值	标准差	F	P 值
终身学习认识	单独居住	318	4.282 3	0.639 00	1.376	0.253
	和子女、配偶居住	666	4.211 9	0.670 12		
	和父母居住	177	4.208 0	0.608 13		
终身学习方式	单独居住	313	3.728 8	0.933 38	6.855	0.001**
	和子女、配偶居住	664	3.831 3	0.786 13		
	和父母居住	175	4.013 1	0.675 15		
终身学习场所	单独居住	309	3.582 3	0.973 25	4.028	0.018*
	和子女、配偶居住	659	3.747 2	0.837 79		
	和父母居住	174	3.748 3	0.815 84		
终身学习效果	单独居住	308	3.873 5	0.910 90	2.752	0.064
	和子女、配偶居住	657	3.993 1	0.706 43		
	和父母居住	174	3.995 3	0.707 77		
终身学习困难	单独居住	296	3.309 1	1.101 74	3.959	0.019*
	和子女、配偶居住	628	3.484 8	0.990 60		
	和父母居住	170	3.546 9	0.970 22		
终身学习满意度	单独居住	302	3.718 2	0.868 08	3.450	0.032*
	和子女、配偶居住	647	3.826 8	0.767 68		
	和父母居住	172	3.908 0	0.773 02		
终身学习需求	单独居住	301	3.737 9	0.900 65	5.038	0.007**
	和子女、配偶居住	654	3.906 8	0.805 84		
	和父母居住	174	3.932 5	0.728 35		

注：** 代表在 0.01 水平下显著，* 代表在 0.05 水平下显著。

统计结果表明，采取不同居住方式的居民在终身学习方式、终身学习场所、终身学习困难、终身学习需求方面表现出显著差异（P 值均小于 0.05），而在终身学习认识、终身学习效果和终身学习满意度方面无显著差异。根据表 1-27 中的"均值"列可知，和子女、配偶居住以及和父母居住的群体与单独居住的群体相比，家人之间可以互相学习、交流问题。在终身学习需求方面，有子女或父母的居民，其学习内容可能会涉及育儿和照顾父母方面。同时，与和子女、配偶居住以及和父母居住相比，单独居住的居民在学习时间和空间的选择上有更多的可能性。

5. 不同文化程度的居民在各维度水平上的特征和差异分析

我们对不同文化程度的居民在各维度水平上表现出的特征和差异进行分析，统计结果如表 1-28 所示。

表 1-28　不同文化程度的居民各维度水平的描述统计和方差分析

调研维度	文化程度	N	均值	标准差	F	P 值
终身学习认识	高中及以下	219	4.080 3	0.732 27	8.086	0.000**
	中专、中职	102	4.186 9	0.592 92		
	大专、高职	264	4.144 2	0.670 98		
	本科	469	4.333 1	0.607 63		
	硕士、博士	111	4.347 0	0.619 25		
终身学习方式	高中及以下	212	3.336 0	1.025 05	31.596	0.000**
	中专、中职	103	3.734 9	0.920 88		
	大专、高职	255	3.847 4	0.698 59		
	本科	474	3.985 9	0.686 15		
	硕士、博士	110	4.164 3	0.614 98		

续表

调研维度	文化程度	N	均值	标准差	F	P 值
终身学习场所	高中及以下	206	3.383 9	1.107 13	10.995	0.000**
	中专、中职	101	3.620 6	0.990 22		
	大专、高职	256	3.666 8	0.806 80		
	本科	472	3.851 3	0.779 75		
	硕士、博士	109	3.782 1	0.707 15		
终身学习效果	高中及以下	205	3.635 3	0.990 68	14.554	0.000**
	中专、中职	100	3.844 1	0.817 07		
	大专、高职	253	3.984 3	0.671 54		
	本科	473	4.069 2	0.663 82		
	硕士、博士	109	4.157 2	0.715 50		
终身学习困难	高中及以下	192	3.205 8	1.260 07	6.478	0.000**
	中专、中职	91	3.242 2	1.203 86		
	大专、高职	242	3.387 5	0.953 00		
	本科	460	3.598 7	0.905 37		
	硕士、博士	108	3.474 3	0.878 26		
终身学习满意度	高中及以下	197	3.592 5	0.939 28	5.116	0.000**
	中专、中职	100	3.832 5	0.852 54		
	大专、高职	247	3.784 2	0.739 17		
	本科	468	3.891 7	0.720 83		
	硕士、博士	109	3.852 1	0.851 91		
终身学习需求	高中及以下	203	3.619 1	1.052 48	6.796	0.000**
	中专、中职	98	3.819 5	0.906 34		
	大专、高职	251	3.880 4	0.727 69		
	本科	469	3.969 5	0.725 51		
	硕士、博士	109	3.920 4	0.753 85		

注：** 代表在 0.01 水平下显著。

统计结果表明，不同文化程度的居民在终身学习认识、终身学习方式、终身学习场所、终身学习效果、终身学习困难、终身学习满意度与终身学习需求等维度表现出显著差异（P值均小于0.05），即学习的状况和需求不同。我们根据表1-28进一步得知，文化程度越高，居民对终身学习的认识越深刻，学习方法和途径越多，学习效果越好，对自身的学习效果越满意，随之而来的学习上的困难和需求也越多。目前，全社会都在倡导全民学习、终身学习，居民的受教育程度与各维度呈正相关关系。

6. 不同职业状态的居民在各维度水平上的特征和差异分析

我们对不同职业状态的居民在各维度水平上表现出的特征和差异进行分析，统计结果如表1-29所示。

表1-29　不同职业状态的居民各维度水平的描述统计和方差分析

调研维度	职业状态	N	均值	标准差	F	P值
终身学习认识	全职	859	4.245 2	0.658 28	1.907	0.149
	退休、退休后兼职	179	4.199 6	0.616 87		
	待业	105	4.119 5	0.681 77		
终身学习方式	全职	857	3.960 5	0.677 95	68.071	0.000**
	退休、退休后兼职	171	3.215 3	1.045 20		
	待业	105	3.684 1	0.962 62		
终身学习场所	全职	855	3.773 0	0.795 73	18.441	0.000**
	退休、退休后兼职	166	3.330 5	1.112 18		
	待业	102	3.624 3	0.985 25		
终身学习效果	全职	852	4.022 4	0.706 04	19.265	0.000**
	退休、退休后兼职	166	3.623 0	0.975 98		
	待业	102	3.922 7	0.798 42		

调研维度	职业状态	N	均值	标准差	F	P 值
终身学习困难	全职	832	3.535 8	0.891 00	31.938	0.000**
	退休、退休后兼职	143	2.817 5	1.387 64		
	待业	99	3.460 4	1.124 26		
终身学习满意度	全职	842	3.840 7	0.758 74	8.029	0.000**
	退休、退休后兼职	159	3.566 0	1.006 28		
	待业	100	3.822 8	0.712 90		
终身学习需求	全职	845	3.924 8	0.727 69	19.020	0.000**
	退休、退休后兼职	163	3.499 5	1.134 42		
	待业	101	3.884 6	0.808 57		

注：** 代表在 0.01 水平下显著。

统计结果显示，不同职业状态的居民在终身学习方式、终身学习场所、终身学习效果、终身学习困难、终身学习满意度与终身学习需求等维度表现出显著差异（P 值均小于 0.05），这说明不同职业状态的居民终身学习状况是不同的，其中全职群体和待业群体的终身学习状况显著高于退休、退休后兼职群体。随着社会的不断发展，各职业领域内的竞争不断加剧，尤其是在高新技术领域，新技术的发展日新月异，要想提升自己的核心竞争力，在职业上获得更好的发展，全职群体无疑需要不断地学习。待业群体处于职业生活的不确定状态，为了提高自身的素质、获得更好的工作机会，他们对各类知识的学习需求无疑更加强烈。

7. 不同工作年限的居民在各维度水平上的特征和差异分析

我们对不同工作年限的居民在各维度表现出的特征和差异进行分析，统计结果如表 1-30 所示。

表 1-30 不同工作年限的居民各维度水平的描述统计和方差分析

调研维度	工作年限	N	均值	标准差	F	P 值
终身学习认识	10 年及以下	371	4.278 1	0.703 72	1.116	0.342
	11～20 年	262	4.201 1	0.607 01		
	21～30 年	245	4.198 3	0.654 62		
	31 年及以上	198	4.209 7	0.575 20		
	总计	1 076	4.228 6	0.647 39		
终身学习动机	10 年及以下	372	3.898 9	0.722 43	1.269	0.284
	11～20 年	261	3.897 7	0.691 77		
	21～30 年	242	3.800 0	0.808 48		
	31 年及以上	194	3.817 8	0.804 80		
	总计	1 069	3.861 5	0.751 23		
终身学习方式	10 年及以下	372	4.073 2	0.631 00	39.723	0.000**
	11～20 年	257	3.952 6	0.745 94		
	21～30 年	242	3.626 4	0.762 53		
	31 年及以上	196	3.415 3	0.987 30		
	总计	1 067	3.822 0	0.804 49		
终身学习场所	10 年及以下	370	3.786 6	0.762 59	6.170	0.000**
	11～20 年	257	3.723 5	0.832 04		
	21～30 年	240	3.609 5	0.888 57		
	31 年及以上	195	3.476 8	1.051 48		
	总计	1 062	3.674 4	0.873 16		
终身学习效果	10 年及以下	368	4.097 3	0.698 48	9.414	0.000**
	11～20 年	256	3.982 4	0.757 14		
	21～30 年	239	3.876 9	0.769 80		
	31 年及以上	196	3.762 3	0.862 48		
	总计	1 059	3.957 8	0.770 24		

调研维度	工作年限	N	均值	标准差	F	P 值
终身学习 困难	10 年及以下	359	3.510 3	0.854 62	12.380	0.000**
	11～20 年	252	3.584 3	0.948 85		
	21～30 年	230	3.302 7	1.071 71		
	31 年及以上	170	3.034 9	1.271 41		
	总计	1 011	3.401 6	1.025 14		
终身学习 满意度	10 年及以下	364	3.837 4	0.746 59	4.284	0.005**
	11～20 年	253	3.863 0	0.826 07		
	21～30 年	234	3.746 6	0.739 54		
	31 年及以上	187	3.616 3	0.921 63		
	总计	1 038	3.783 3	0.802 55		
终身学习 需求	10 年及以下	363	3.940 0	0.713 91	11.451	0.000**
	11～20 年	254	3.999 1	0.735 10		
	21～30 年	237	3.765 9	0.818 30		
	31 年及以上	192	3.596 1	1.042 66		
	总计	1 046	3.851 8	0.824 00		

注：** 代表在 0.01 水平下显著。

统计结果表明，不同工作年限的居民在终身学习方式、终身学习场所、终身学习效果、终身学习困难、终身学习满意度与终身学习需求等维度表现出显著差异（P 值均小于 0.05），这说明工作年限的长短与年龄的大小有关，因此根据表 1-30 中的"均值"一列可知，工作年限为 20 年及以下的居民群体在终身学习方式、终身学习场所、终身学习效果、终身学习满意度方面显著高于工作年限为 21 年及以上的居民。工作年限为 31 年及以上的居民群体，由于自身年龄和职业状态处于退休边缘或已经退休，其学习的愿望不再强烈、需求较少。

8. 不同收入水平的居民在各维度水平上的特征和差异分析

我们对不同收入水平的居民在各维度水平表现出的特征和差异进行分析，统计结果如表 1-31 所示。

表 1-31　不同收入水平的居民各维度水平的描述统计和方差分析

调研维度	收入水平 / 元	N	均值	标准差	F	P 值
终身学习认识	3 万以下	272	4.197 3	0.708 62	1.728	0.160
	3 万 ~ 6 万	355	4.222 2	0.662 55		
	6 万 ~ 9 万	260	4.303 2	0.595 13		
	9 万及以上	221	4.180 5	0.650 26		
	总计	1 108	4.226 8	0.657 44		
终身学习动机	3 万以下	269	3.920 1	0.804 24	0.563	0.639
	3 万 ~ 6 万	345	3.860 8	0.741 95		
	6 万 ~ 9 万	265	3.894 4	0.734 04		
	9 万及以上	221	3.840 5	0.728 79		
	总计	1 100	3.879 3	0.752 77		
终身学习方式	3 万以下	269	3.706 3	0.974 34	7.923	0.000**
	3 万 ~ 6 万	349	3.731 6	0.830 64		
	6 万 ~ 9 万	263	3.900 4	0.722 83		
	9 万及以上	219	4.008 0	0.642 90		
	总计	1 100	3.820 8	0.819 00		
终身学习场所	3 万以下	266	3.671 2	0.975 51	2.478	0.060
	3 万 ~ 6 万	346	3.604 7	0.898 98		
	6 万 ~ 9 万	262	3.784 9	0.827 57		
	9 万及以上	219	3.749 9	0.778 34		
	总计	1 093	3.693 2	0.881 00		

续表

调研维度	收入水平/元	N	均值	标准差	F	P值
终身学习效果	3万以下	265	3.946 3	0.901 65	1.627	0.181
	3万~6万	344	3.897 1	0.757 81		
	6万~9万	263	4.034 7	0.703 23		
	9万及以上	218	3.969 0	0.680 36		
	总计	1 090	3.956 6	0.769 30		
终身学习困难	3万以下	255	3.424 7	1.130 92	1.692	0.167
	3万~6万	324	3.336 9	1.065 45		
	6万~9万	255	3.507 8	0.923 33		
	9万及以上	214	3.493 6	0.881 64		
	总计	1 048	3.431 9	1.015 10		
终身学习满意度	3万以下	261	3.822 1	0.791 40	0.404	0.750
	3万~6万	339	3.758 8	0.816 66		
	6万~9万	259	3.816 4	0.760 84		
	9万及以上	214	3.805 8	0.823 93		
	总计	1 073	3.797 5	0.798 19		
终身学习需求	3万以下	266	3.875 3	0.878 68	1.295	0.275
	3万~6万	339	3.798 3	0.867 13		
	6万~9万	259	3.930 0	0.740 76		
	9万及以上	217	3.872 3	0.781 22		
	总计	1 081	3.863 6	0.824 84		

注：** 代表在 0.01 水平下显著。

统计结果表明，不同收入水平的居民在终身学习方式上表现出显著差异（P 值小于 0.05），但随着收入的增加，居民的终身学习认识和终身学习需求并没有呈现正相关关系，这说明不同的收入水平并不能决定居民的终身学习素养的高低和终身学习需求的多少，我们只能简单地推出在不同的收入水平条件下居民的终身学习方式有所不同，高收入群体趋于财务自由，学习方式和途径可能更多。

四、研究结论

通过从以上几方面对调查数据进行详细分析，我们可得出以下几个结论：

第一，从总体来看，北京市各区已经初步形成良好的终身学习氛围。

第二，乡村居民，以及低学历、低收入、待业等群体在终身学习方面遇到的困难较多。

第三，乡村地区相对缺乏良好的终身学习环境。

第四，面授教学与在线学习相结合的混合教学模式是大多数市民青睐的学习方式。

第五，减免终身学习费用是主要的学习需求之一。

第六，缺乏实用性课程是目前终身学习存在的主要问题之一。

第七，中老年群体对面授教学的需求较高，期望图文并施的教学方式。

五、策略与建议

针对研究结论，本研究提出以下几点策略与建议，为政府制定相关政策提供参考和借鉴。具体如下：

第一，政府应加大对乡镇终身学习场所的建设，改善城乡居民的终身学习环境，如在乡镇建立学习中心（建设开放式图书馆），增加图书和课程资源，同时加大监管力度，避免发生图书馆设而不开、资源有而不用的问题。

第二，加大资金投入，建立北京市终身学习基金，为低收入、低学历、待业群体提供终身学习资金补贴，鼓励其寻找学习机会，提高文化程度，获取与就业相关的知识与技能。

第三，建立终身学习成果积累券（学分银行），帮助学习者获取免费课程。减免学习费用是目前市民主要的终身学习需求之一，但是一方面，免费课程的提供会加大政府财政方面的压力；另一方面，免费课程的提供在某种程度上可能会降低学习者的学习积极性和主动性，使其对宝贵的学习资源不够珍视。通过建立终身学习成果积累券，学习者只有在实名制的情况下付费学习相应数量的课程，或在相应的课程测试中取得相对较好的学习成绩，才能获得相应的终身学习成果积累券，并将之用于减少费用或免费学习其他收费课程。

第四，在课程建设方面，政府不应建设课程，而应加大资金投入，鼓励各高校和获得政府认可的终身学习机构进行相应课程的开发，并建立评审监管机制，定期对课程进行评定，从而建立终身学习课程体系网。这有利于提升课程的系统性和规范性，同时各高校教师都有一定的专业背景，接受过专门的教师教育或者师范教育，能够提供良好的课程教学，从而解决了目前终身教育教师专业化不强的问题。

第五，在课程设置方面，教育者不应仅仅考虑学习者的兴趣爱好，而应结合北京市社会经济发展的需要开设课程，除开发受到市民青睐的、实用性较强的课程之外，还要紧扣人才市场的需求，培养特定的专业人才，以满足北京市社会经济发展的需求。

第六，不断创新终身学习方式，采取面授教学与在线学习相结合的混合教学模式开展终身教育。随着教育信息化的不断普及，创新性的教学方式（如慕课教学等）已经成为目前较为热门的教学方式。在终身教育中，考虑到市民的学习时间、精力、场所等方面的因素，采取线上学习与线下面授相结合的混合教学模式无疑能够进一步促进终身学习取得较好的效果，实现市民随时随地的学习。

参考文献

[1] 郝克明. 让学习伴随终身：上海国际终身学习论坛文集［M］. 北京：高等教育出版社，2017：30–42.

[2] 上海终身教育研究院. 2014上海终身教育发展报告：汇聚力量　整固基础［M］. 上海：上海人民出版社，2015.

[3] 汤林春. 关于上海市市民终身学习状况的调查［J］. 上海教育科研，2014（4）：5–9.

[4] 郑勤华，马东明，陈丽，等. 北京市成人"终身学习素养"现状及特征分析——基于2012年大规模抽样调查数据的探讨［J］. 现代远距离教育，2014（1）：3–15.

[5] 北京市教育委员会. 北京市中长期教育改革和发展规划纲要（2010—2020年）［EB/OL］.（2010–12）［2021–05–05］. http：//jw.beijing.gov.cn/xxgk/zfxxgkml/zfgkzcwj/zcjd/201912/t20191205_866927.html.

[6] 北京市教育委员会，等. 关于印发《北京市学习型城市建设行动计划（2016—2020年）》的通知［EB/OL］.（2016–06–30）［2021–05–05］. https：//dll.bjou.edu.cn/info/1078/1206.htm.

[7] 第八届全国人民代表大会第三次会议. 中华人民共和国教育法［EB/OL］.（1995–03–18）［2021–05–06］. http：//www.npc.gov.cn/wxzl/gongbao/1995-03/18/content_1481296.htm.

[8] 冯燕雯. 关于广东居民的终身学习状况的调查报告［EB/OL］.（2011–09）［2021–05–05］. http：//www.docin.com/p-1750704727.html?docfrom=rrela.

[9] 国家中长期教育改革和发展规划纲要工作小组办公室. 国家中长期

教育改革和发展规划纲要（2010—2020 年）[EB/OL].（2010-07-29）[2021-05-06]. http：//www.moe.gov.cn/srcsite/A01/s7048/201007/t20100729_171904.html.

[10] 胡锦涛. 坚定不移沿着中国特色社会主义道路前进　为全面建成小康社会而奋斗：在中国共产党第十八次全国代表大会上的报告（2012 年 11 月 8 日）[EB/OL].（2012-11-08）[2021-05-06]. http：//www.12371.cn/2012/11/17/ARTI1353154601465336.shtml.

[11] 习近平. 决胜全面建成小康社会　夺取新时代中国特色社会主义伟大胜利：在中国共产党第十九次全国代表大会上的报告（2017 年 10 月 18 日）[EB/OL].（2017-10-27）[2021-05-06]. http：//www.gov.cn/zhuanti/2017-10/27/content_5234876.htm.

[12] 佚名. 苏州市民终身学习状况调查：成年人需要怎样的学习[EB/OL].（2016-09-06）[2021-05-05]. http：//www.worldhm.com/jqxw/34068.html.

[13] 中国共产党第十九届中央委员会第四次全体会议. 中共中央关于坚持和完善中国特色社会主义制度、推进国家治理体系和治理能力现代化若干重大问题的决定[EB/OL].（2019-11-05）[2021-05-06]. http：//www.gov.cn/zhengce/2019-11/05/content_5449023.htm

[14] 中共中央，国务院. 中国教育改革和发展纲要[EB/OL].（1993-02-13）[2021-05-06]. http：//www.moe.gov.cn/jyb_sjzl/moe_177/tnull_2484.html.

第二章 北京社区教育网络学习环境的现状调查研究

【摘　要】社区教育的网络学习环境是实现社区教育信息化的重要组成部分，网络学习环境主要从社区数字化学习平台和资源建设两个方面来体现。北京市在全国的社区教育发展中一直处于领先地位，全面了解北京市各社区数字化学习平台和资源建设情况，有助于其他城市借鉴，对后续研究具有重要意义。本章通过文献调研和比较分析北京市各社区数字化学习平台，评估网络课程，并通过对部分社区学院的管理人员和工作人员进行访谈，进一步补充和修正。我们研究发现，北京市目前的数字化资源建设已经达到一定的规模，数字化学习平台也为学习者提供了基本的学习支持服务，并且为学习者的移动学习提供了条件。但是，社区数字化平台中资源的质量、平台利用率、与学分认证制度的结合、共建共享机制的应用等还存在一定的问题。教育领域应该加快出台社区教育资源建设标准，并在此基础上联合政府、学校、公共机构及社会企业实现社区教育资源的共建共享，运用学分认证制度进一步激励居民学习，从而实现社区教育现代化。

【关键词】社区教育；网络学习环境；共建共享；学分认证

一、研究背景

随着终身学习理念的普及和现代信息技术的不断发展，现有的社区学习环境已经不能满足社区居民日益增长的学习需求，特别是没有充分运用信息技术和学习理论构建更加符合社区居民学习需求的网络学习环境。不断加快发展社区教育的信息化至关重要，信息化不仅是技术手段，而且是一种学习方式、学习过程和一种教育模式、教育过程，它影响社区教育和学习型社区建设的各个方面。[①]

2006年，教育部启动了"数字化学习港与终身学习社会的建设与示范"教改项目，为全民终身学习型社会的建立进行了初步的示范。社区教育是实现并完善终身教育、迈向学习型社会必不可缺的"手"。[②] 2009年5月，教育部中国成人教育协会社区教育专业委员会发布的《关于推进全国数字化学习社区建设的意见》，推动了全国各省份和城市建设终身学习网络平台和数字化资源的热潮。2016年9月，《北京市"十三五"时期教育改革和发展规划（2016—2020年）》提出，"建设终身学习服务平台。整合教育、文化、科技、体育等现有优质资源，建成覆盖全市的终身学习网络和区域性学习中心，为市民提供丰富多样的学习交流平台，注重为老年人、残疾人等特殊需求群体提供学习服务"[③]。2019年，中共中央、国务院印发《中国教育现代化2035》，再次提出"建构服务全民的终身学习体系……扩大社区教育资源供给，加快发展城乡社区老年教育，推动各类学习型组织建设"[④] 2017年，党的十九大指出，要加快推进社区教育发展，整合各类资源，丰富内容形式，强化规范化、制度

---

① 李惠康. 上海社区教育信息化建设之研究 [J]. 开放教育研究，2009，15（5）：45-51.
② 厉以贤. 学习社会的理念和建设 [J]. 高等教育研究，2000（5）：21-25.
③ 北京市教育委员会，北京市发展和改革委员会. 北京市"十三五"时期教育改革和发展规划（2016—2020年）[EB/OL]. （2017-01-22）[2021-06-05]. https://www.csdp.edu.cn/article/2074.html.
④ 中共中央，国务院. 中国教育现代化2035 [EB/OL]. （2019-02-23）[2021-11-19]. http://www.gov.cn/zhengce/2019-02/23/content_5367987.htm.

化建设。从以上政策我们可以看出，我国高度重视社区教育的发展，强调终身学习的理念，对社区的学习资源（特别是数字化资源）的整合与建设提出了很高的要求。因此，研究社区教育的网络学习环境和数字化资源的建设，特别是了解发达地区社区教育的发展，对我国社区教育的整体发展具有重要意义。

二、研究现状

学习环境随着教学与学习活动的发生而出现。由于多媒体计算机、互联网、大数据、云计算、人工智能等数字化技术的出现，衍生出基于网络的学习环境。数字化平台集学习、管理、互动于一体，不仅提供 IP 课件、视频课程等单向静态的学习资源，而且支持应用论坛、博客等重视人机交互、角色交互的双向交流工具。[1] 基于数字化平台的社区教育网络学习环境为开展社区教育活动、建立学习型社区、实现终身教育提供了保障。

目前对社区教育网络学习环境的研究主要围绕数字化平台、资源建设和应用两个角度的相关问题展开，其中对资源建设的研究包括各地区的建设现状调研、对资源共建共享机制和服务体系的探索，以及评价体系的构建。孙梦通过信息内容、教学特性、网站设计、技术水平、网站效益 5 个一级指标和 19 个二级指标，构建了社区在线学习系统评价体系，并将评价体系用于上海市 3 个社区在线学习系统，验证了该评价体系的实用性。[2] 韦书令选取了广州终身学习网、福建终身学习网（福建终身学习在线）和上海学习网（上海微校）3 个国内运行比较成熟的社区教育数字化学习平台，通过课程管理、学习管理工具、运行媒介等多个评价指标和技术特征，对其

① 李向东. 以网络平台推进社区教育的思考［J］. 产业与科技论坛，2015，14（16）：154–155.
② 孙梦. 社区在线学习系统评价体系设计及实证研究［D］. 上海：华东师范大学，2015.

平台内容、教学体验、学分银行建设、资源共享机制和学习支持服务进行比较分析。[①] 我们在调研过程中发现，北京、上海以及东部沿海部分发达城市的数字化学习平台的资源较为丰富，资源建设已经趋于成熟，但是城市之间以及各市区之间都存在比较明显的差距，资源丰富程度以及应用情况千差万别，整体还处于探索的初级阶段。

北京市在各区建立了集信息发布、在线课程学习、资源共享、学习展示等多功能于一体相对独立的社区教育数字化学习平台。受到共享理念的影响，京学网[②] 将越来越多独立的社区学习网联在一起，但是由于北京市各区的社区教育数字化学习平台和资源建设水平不一，社区教育的发展出现了一系列问题。因此，本章主要通过对北京市各区的数字化资源建设进行调研分析，发现其中的优势和不足，以期为社区教育数字化学习平台中资源的建设和应用提供借鉴，并为相关政策的制定提供依据。

三、研究设计与过程

（一）比较分析北京市社区教育数字化学习平台

北京市网络学习环境主要从数字化学习平台和网络课程建设两方面具体体现，所以本章针对北京市各社区教育数字化学习平台进行比较分析。我们经过网上调研，最终选取东城学网、石景山社区学院网、顺义学习网、怀柔学习网、延庆终身学习网、学习型西城网、中关村学院网、朝阳社区学院网、兴学网9个资源较为丰富的社区教育数字化学习平台。同时，为了更好地体现研究结果的科学性和准确性，我们将这9个社区教育数字化学习平台与京学网分别

---

① 韦书令. 社区教育数字化学习平台建设和资源共享研究［J］. 成人教育，2017（5）：32-36.
② 京学网是在北京市教育委员会和北京市建设学习型城市工作领导小组的指导下，由北京开放大学和北京市社区教育指导中心主办的、面向北京市民开展社区教育的综合性数字化学习平台。

进行比较。

基于韦书令对社区教育数字化学习平台的功能分类，根据北京市社区教育数字化学习平台的特点，本章将从在线课程学习、个人学习档案、学习社区、学分认证、移动端 5 方面进行具体描述。社区教育数字化学习平台的比较维度及具体描述如表 2-1 所示。

表 2-1 社区教育数字化学习平台的比较维度及具体描述

比较维度	具体描述
在线课程学习	包括课程在线学习、练习和测试
个人学习档案	记录用户获得的学分、学习时长、学习的课程等信息
学习社区	提供学习论坛供学习者交流
学分认证	明确课程学分，并建立学分认证制度，支持学分兑换
移动端	开发了数字化学习平台的移动端

（二）评估数字化学习平台中的网络课程

教育部教育信息化技术标准委员会将网络资源分为媒体素材库、题库、课件库、案例库、文献资料库、网络课程库、常见问题解答库和资源目录索引库。社区教育数字化学习资源是指通过网络可用来开展社区教育的学习资源的总和。[①] 社区教育中的学习资源是社区教育的核心部分，网络课程又是网站主要的在线学习资源。[②] 网络课程的质量不仅影响学习者的学习效果，而且是课程学分互认的重要基础。[③] 因此，评估数字化学习平台中的网络课程对读者深入了解数字化学习平台建设情况具有重要意义。

---

① 宋其辉. 社区教育数字化资源建构的生态学思考［J］. 中国成人教育，2017（2）：148-151.
② 刘彩萍. 社区数字化教育资源建设研究［D］. 太原：山西大学，2015.
③ 张润芝，张进宝，陈庚. 网络课程质量评价实践及学术研究评述［J］. 开放教育研究，2011，17（4）：60-65.

本章针对北京市社区教育网络课程的评价标准，基于刘永福和李静辉提出的网络课程在线评价指标体系[①]，同时结合社区教育的特殊性，最终确定的网络课程评价指标体系如表 2-2 所示。

表 2-2　网络课程评价指标体系

维度	二级指标
1. 课程内容与资源	1.1 课程说明 1.2 内容目标一致性 1.3 科学性 1.4 内容分块 1.5 辅助资源
2. 教学设计	2.1 教学目标 2.2 学习者控制 2.3 内容交互性 2.4 实例与演示 2.5 练习 2.6 练习反馈 2.7 评价
3. 学习管理	3.1 学生管理 3.2 内容管理 3.3 教学进度 3.4 学习资源管理 3.5 学生反馈
4. 网络技术	4.1 内容呈现 4.2 内容理解 4.3 内容更新 4.4 学习者支持 4.5 导航 4.6 信息交互 4.7 技术要求的确定 4.8 学习者技能的确定 4.9 技术的功能性

---

① 刘永福，李静辉. 网络课程在线评价指标体系的设计与实现［J］. 中国远程教育，2015（8）：57-63.

　　根据本章确定调研的 10 个社区教育数字化学习平台，我们从中随机挑出 10 门网络课程进行分析，得到最终的评分，从而发现现有网络课程可借鉴的优点和存在的不足之处。

（三）访谈

　　本书作者所在项目组在 2017 年 5 月至 9 月对北京市各社区学院的教育教学管理者进行了访谈，深入了解东城社区学院、西城区社区学院及石景山社区学院 2000 年以来在终身教育方面所做出的理论和实践探索。其中，针对社区教育数字化学习平台和资源的建设，社区学院的教育教学管理者谈到了在资源建设过程中积累的经验、目前存在的问题以及拟采取的解决办法，为本章的深入研究提供了依据。

四、研究分析

（一）数字化学习平台提供了基本的功能

　　我们通过调研发现，东城学网、石景山社区学院网、顺义学习网、怀柔学习网与京学网实现了社区教育数字化学习平台的资源共享，而其他社区采用独立的数字化学习平台。根据社区教育数字化学习平台的功能框架，我们对 10 个社区教育数字化学习平台进行了数据分析，结果如表 2–3 所示。

表 2–3　北京市社区教育数字化学习平台分析

社区教育数字化学习平台	在线课程学习	个人学习档案	学习社区	学分认证	移动端
京学网	有	有	有，通过课程进入讨论区	有	微信
东城学网	有	有	有，通过课程进入讨论区，以及网站论坛	有	微信

社区教育数字化学习平台	在线课程学习	个人学习档案	学习社区	学分认证	移动端
石景山社区学院网	有	有	有，通过课程进入讨论区	有	微信
顺义学习网	有	有	有，通过课程进入讨论区	有	微信
怀柔学习网	有	有	有，通过课程进入讨论区	有	微信
学习型西城网	有	有	无	有	无
中关村学院网	有	有	无	有	移动 App
朝阳社区学院网	有	有	有，学习论坛	有	移动 App
兴学网	有	有	有，个人社区	有	移动 App
延庆终身学习网	有	有	无	有	移动 App

注：以 2018 年 5 月 30 日的平台数据为准。

通过分析，我们得出以下结论：

1. 所有社区教育数字化学习平台都支持在线课程学习，并且为学习者建立了个人学习档案

网络课程是社区教育数字化学习平台主要的学习资源。各社区学院根据市民的需要，利用区域特色，开发了具有社区教育特点的数字化课程。比如，在访谈过程中，我们了解到东城区的"国子监大讲堂"具有区域特色，同时社区教育数字化学习平台还为学习者建立了个人学习档案，便于学习者管理自己的课程、学习进度、测试、学习积分等。

2. 学习社区为学习者之间的互动提供了平台

目前，70% 的社区教育数字化学习平台提供学习社区供学习者进行交流。社区教育数字化学习平台主要通过学习社区各功能模块，为学习者提供在线学习交流、考试服务和教育资讯，打破了在线学习者之间距离的界限，使学习者不再是孤立的个体，而是一个根据

兴趣爱好构成的群体。比如，兴学网的个人社区除支持论坛的发帖、回帖等一般功能以外，还将论坛分为论坛服务、科学一家亲、私人定制版、成长与健康 4 个功能模块，学习者可以根据自己的需要或者兴趣爱好选择不同的栏目。

3. 学分课程为学分认证奠定了基础

所有社区教育数字化学习平台都对课程设置了学分，这为后期落实学分认证制度奠定了基础。市民学分银行的主要目的是建立市民终身学习账户，对市民终身学习进行记录和激励，进而推动终身学习和学习型社会建设。[①]

市民学分银行一般由学习记录、学分积累、学分兑换 3 部分构成[②]。以上 10 个社区教育数字化学习平台都实现了学习记录和学分积累的功能。同时，我们从文献调研和访谈中得知，西城区在学分兑换和市民终身学习成果认证制度研究方面已经取得较大成果。目前，西城区已经初步形成鼓励居民参与终身学习的配套政策体系，利用"学习型西城"数字化学习平台实现线上和线下学分认证管理同步，并且不断增加积分兑换渠道，从而提高学习者学习的积极性。[③]

4. 移动学习与社区教育的融合是一种新趋势

随着信息技术的发展，移动学习的研究与应用已经越来越成熟。同时，移动终端在各类群体中已经得到普及，拥有智能手机的老年人也越来越多，移动学习技术正在向社区教育领域靠近。从表2-3 我们可以看出，90% 的平台都为学习者的移动学习提供了支持，

---

① 周晶晶，孙耀庭，慈龙玉. 区域学分银行建设的困境与思考［J］. 开放教育研究，2016，22（5）：55-60.

② 周晶晶，陶孟祝，应一也."学分银行"概念功能探析——基于国内理论研究的回顾和实践探索的梳理［J］. 现代远距离教育，2017（1）：3-10.

③ 柴兴祝，赵艳立，殷红丽，等. 西城区市民终身学习成果认证制度积分兑换工作实施情况分析［J］. 当代继续教育，2017，35（4）：66-69.

其中 5 个是通过微信来实现学习的，4 个是通过移动 App 来实现学习的。

社区教育与移动学习的结合主要是让社区成员利用手中的移动设备进行具有随时随地交互特征的数字化学习，这也是完善社区教育的途径之一，对促进教育机会均等、建设学习型社会和构建终身教育体系具有深远意义。[①] 随着技术的深入发展，多样化的移动学习技术为社区成员共享社区教育成果提供了更多的可能性，也会逐渐缩小教育差距。

综上所述，北京市社区教育数字化学习平台的功能基本完善，满足了学习者的基本需求。

（二）社区教育的数字化课程

目前，北京市各社区都致力于建设数字化课程，对线下已有的品牌项目或系列课程进行录制、编辑，努力营造线上和线下课程同步的学习环境。同时，社区学院也通过购买、交换等途径建设了一系列课程。从平台上看，各社区学院积累了一定数量的课程。例如，京学网有近 400 门课程；东城学网有 100 多门课程；兴学网四大课程分类的社区教育模块下有 40 多个关键词，每个二级分类都包含一系列课程。

为了进一步了解北京市社区教育数字化课程的质量，本章利用表 2–2 中的网络课程评价指标体系，选择 10 门网络课程，请 2 位相关专家进行独立评价，并对评价结果进行分析，其中每项二级指标的总分为 5 分。所选社区教育网络课程详细信息如表 2–4 所示。

---

① 唐燕儿，庞志坚. 社区移动学习——促进教育机会均等的新途径［J］. 中国电化教育，2015（4）：41–46.

表 2-4　所选社区教育网络课程的详细信息

序号	课程名	所属社区教育网
1	集邮趣谈	京学网
2	人力资源的未来	京学网
3	人体的管理者——五脏及其养护	东城学网
4	学画中国画——山水画	东城学网
5	阳光高尔夫	石景山社区学院网
6	手工编织	怀柔学习网
7	如何使用微信	学习型西城网
8	基础英语	朝阳社区学院网
9	甄选口罩　抗击雾霾	延庆终身学习网
10	神奇穴位控血压	兴学网

通过研究我们发现，社区教育网络课程的整体评分偏低，并且一些网络课程没有满足二级指标中的部分要求，这也是导致评分偏低的主要原因。具体结果如下：

1. 课程内容与资源

在课程内容与资源中，内容分块和辅助资源是得分相对较低的两个指标，其具体得分如图 2-1 所示。

从图 2-1 我们可以看出，5 门课程的内容分块是 0 分，2 门课程的内容分块是 2 分。这表明，社区教育网络课程在课程体系上是不完善的，对内容没有做整体的设计，部分网络课程存在用简短的小视频来拼凑课程数量的问题；同时，目前还存在一个主题下只有一节课的问题，不能满足学习者对主题学习的需求。

在辅助资源上，60% 的网络课程没有专门提供其他的学习资源，如相关的文档资料。

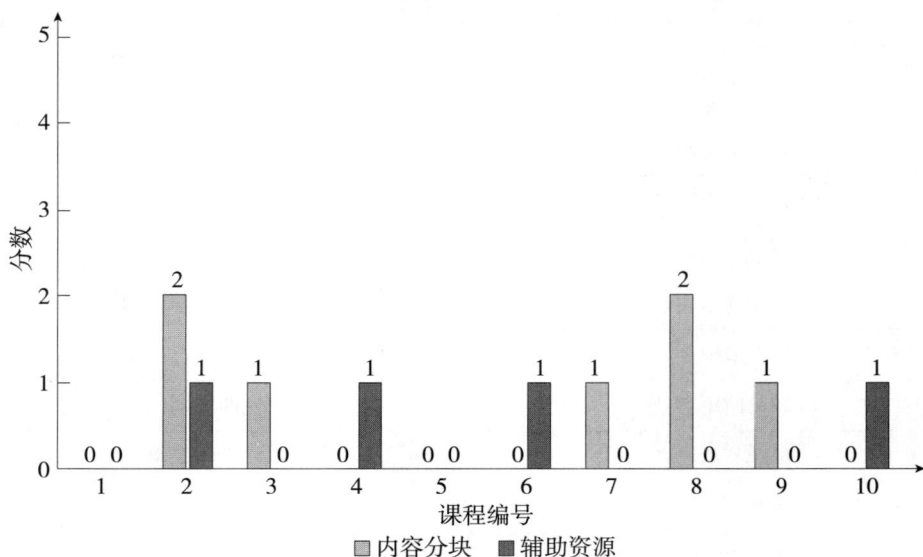

图 2-1　10 门社区教育网络课程在内容分块和辅助资源中的得分

2. 教学设计

教学设计是每门课程开发过程中的一个重要环节，网络课程的教学设计对教师提出了更高的要求。影响教学效果的主要因素是课程设计和教学策略。[①] 如何利用网络课程资源，结合适当的教学策略，实现学生自主学习、探究学习、协作学习等学习模式的在线教学设计方案是目前教师应具备的新技能。然而，在评价和分析 10 门社区教育网络课程后，我们发现，社区教育网络课程在教学目标、练习和评价 3 方面的得分偏低，具体得分如图 2-2 所示。

---

① 耿益群. 美国高校在线课程教师绩效评价原则、途径及特点［J］. 比较教育研究，2013，35（11）：61-65.

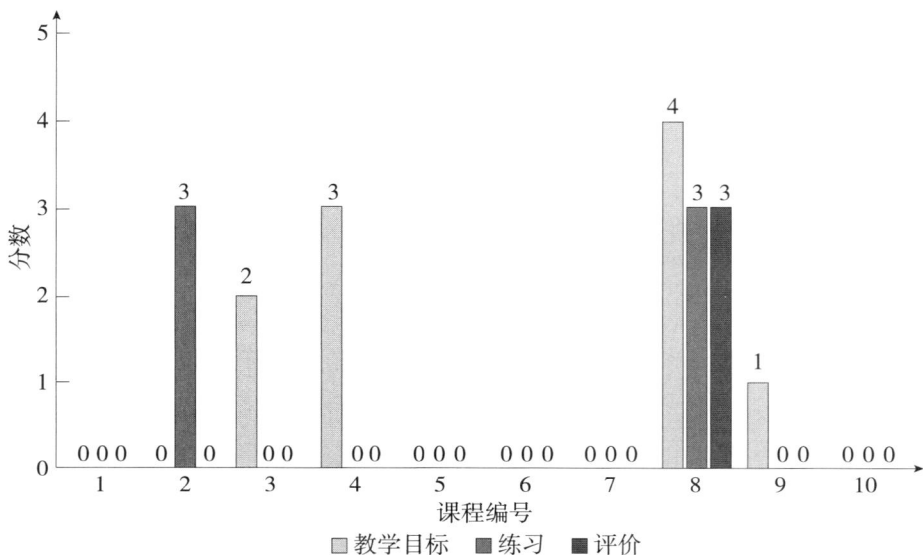

图 2-2　10 门社区教育网络课程在教学设计部分的得分

从图 2-2 我们可以看出，在 10 门社区教育网络课程中，有 6 门没有提出课程的教学目标，有 8 门没有设计练习，有 9 门缺少形成性评价和总结性评价。教学目标是教师设计网络课程要达到的目的，也是学习者通过评价来衡量自己学习结果的标准，而练习是强化学习者的知识和技能习得的一个重要手段，教学目标、练习和评价三者相辅相成，缺一不可。但是在现有的社区教育网络课程中，70% 以上的网络课程没有体现出教学目标、练习、评价。由此可见，目前社区教育网络课程仅实现了将传统课程数字化，而对网络课程的设计还比较薄弱，只有很少一部分平台有意识地去关注教学设计。

3．学习管理

在课程评估的 5 个部分中，学习管理的得分最高，具体得分如表 2-5 所示。

表 2–5 10 门社区教育网络课程在学习管理中的得分

课程	学生管理	内容管理	教学进度	学习资源管理	学生反馈
1	5	5	5	4	5
2	5	5	5	4	5
3	5	5	5	4	5
4	5	5	5	4	5
5	5	5	5	4	5
6	3	3	3	3	2
7	3	4	5	5	0
8	5	5	5	4	5
9	5	5	3	2	2
10	3	3	2	0	2

从表 2–5 我们可以看出，在学生管理、内容管理和教学进度 3 方面，100% 的社区教育网络课程或数字化学习平台都设置了相关功能。在学习资源管理和学生反馈方面，仅有其中 2 门网络课程没有设置相关功能。从横向看，前 5 门网络课程，即和京学网实现共享的 5 个社区教育数字化学习平台的得分更高，这说明数字化学习平台的学习管理功能已经基本完善。

4．网络技术

网络技术的评估主要表现为内容更新的得分偏低，具体得分如图 2–3 所示。这部分内容主要通过网络课程内容的新增、网络课程评价的时间来评分，我们通过调查发现，网络课程的很多数据停留在 2017 年或者更早的时间段。从网络课程的来源看，京学网、东城学网、石景山社区学院网和朝阳社区学院网的网络课程内容更新较快。

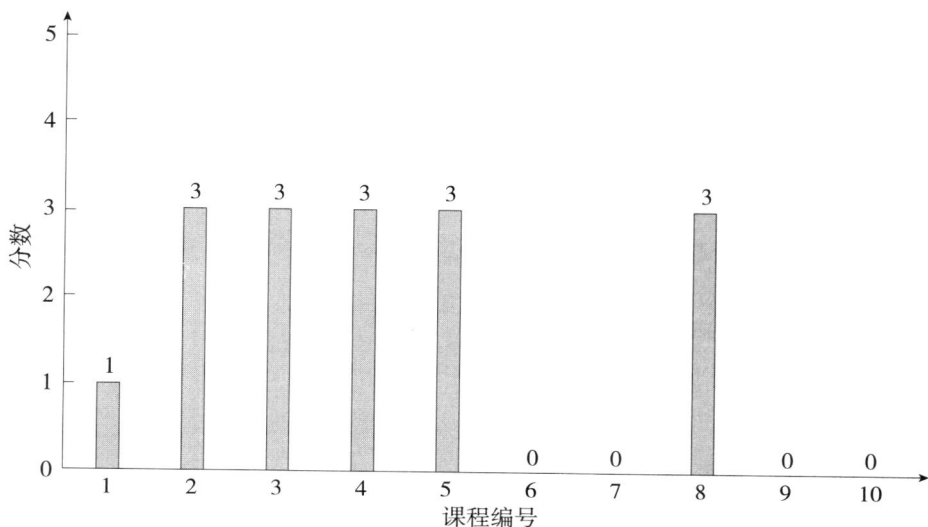

图 2-3　10 门社区教育网络课程内容更新的得分情况

　　在京学网的引领下，东城学网、石景山社区学院网、怀柔学习网、顺义学习网的社区学习网相继实现了平台资源的共享，其中网络课程的得分情况普遍偏高，数字化学习平台的功能相对完善，网络课程具有系统性和设计性。朝阳社区学院网由于和朝阳职业大学共用资源，所以网络课程设计更规范，质量有保证。其他社区教育数字化学习平台的功能和网络资源的质量明显要低一些。

五、讨论与建议

1. 构建适合社区教育的网络课程评估标准

　　社区教育缺乏相关的资源评估机制，导致课程的质量参差不齐。从访谈中我们了解到，各社区都会根据社区居民的需求来建设一些课程。虽然这是需求导向的，但是由于缺乏专门的网络课程团队，出现了一系列问题，如制作人员不足和制作人员的技术较差、课程设计观念薄弱等，从而导致网络课程呈现方式单一、清晰度差，且没有系统化。这些问题从网络课程评估中也进一步得到了证实。为了从根本上杜绝劣质的网络课程资源，网络课程认证标准的建设是必不可少的。当然，社区教育具有自身的特征，主要体现在如下几方面：一是服务主体具有多元性，包括社区、学校、企业、场馆等；二是学习者的差异性较大，社区市民在年龄、学历、能力水平、需求等方面存在一定的差异；三是在社区中学习方式更加灵活多样，学习者追求学习的体验感和趣味性。①因此，我们要基于社区教育的特征，遵循学习资源的科学性、系统性、趣味性，从网络课程的主题、内容、教学设计、在数字化学习平台上的呈现形式、系统性等方面来构建适合社区教育的评估标准，从而保证学习资源的质量。除此之外，评估还要具有持续性，能够跟踪学习资源的应用与更新，不断调整，以适应学习者的需求。

2. 加大宣传力度，提高数字化学习平台的交互性和利用率

网络学习环境的演变大体经历了 3 个阶段：第一阶段以学习资源建设为核心，强调为学习者提供丰富的学习资源；第二阶段关注数字化平台和个人双向协作，重视人机交互以及学习者之间的交互；第三阶段强调建设基于网络的个人学习环境。②社区教育的网络学习环境目前正处于从第二阶段到第三阶段的过渡期，交互性是目前数字化平台比较欠缺的一部分。

数字化学习平台的交互性主要体现在学习者观看视频、浏览网站、进行课程评价、参与论坛讨论、发帖和回帖等。从各数字化学习平台的浏览量来看，网站的总浏览量是可观的，但是，对课程的

---

① 宋亦芳. 从 1.0 迈向 2.0：社区教育信息化研究回眸与展望［J］. 河北师范大学学报（教育科学版），2018，20（4）：88-96.

② 杨进中，张剑平. 基于社交网络的个性化学习环境构建研究［J］. 开放教育研究，2015，21（2）：89-97.

评价数量很少，不管是刚发布的新课程，还是特色课程，都很少有学习者在数字化学习平台上进行评价，甚至在一些数字化学习平台的论坛上，学习者互动交流的时间停留在两年前。这说明数字化学习平台的利用率不高、宣传力度不大。在应用方面，数字化学习资源还没有形成有效的应用机制，并且社区管理者对数字化学习资源的利用率没有一个量化的认识，缺乏改进的理念和方案。

建设社区教育数字化学习平台的最终目的就是让更多的人利用平台去学习，增加居民接受教育的机会，提升居民的素质。因此，我们一定要加大社区教育数字化学习平台的宣传力度，利用微信公众号、社区报、宣传册等途径加强宣传，使居民不仅知道社区线下的活动与课程，而且了解社区教育数字化学习平台上有更多的学习资源，提高居民对社区教育的认识水平，使其树立正确的社区教育理念，从而积极参与社区教育的课程学习。同时，社区可以依托开放大学中的学习者以及学习社区线下课程的居民，组织他们学习和体验数字化学习平台的社区教育资源，再经由他们进一步宣传，这样会产生较大的反响。只有不断扩大社区教育数字化学习平台宣传的覆盖面，才能对社区居民甚至对更大范围内的市民产生社会影响力。

3. 进一步完善学分认证制度，实现非学历教育与学历教育的衔接

虽然北京市各社区一直在学分认证制度上不断研究与探索，但是由于缺乏相应的政策和机制，大多数社区教育还在探索中，并且部分社区由于科研人员不足等，没有积极探索和实践学分认证机制。例如，西城区目前在探索过程中就遇到了很多问题。首先，缺乏政府层面的政策指导，限于一个学校的科研能力和财力，不能全面把握学分认证制度的发展方向；其次，积分兑换缺乏统一标准，兑换服务质量有待进一步提升；最后，激励手段单一，社会力量的积极

性不高。

学分认证主体不清、学分累积能力不强、学分转换需求不足成为学分银行建设的三大困境。实施学分认证制度必须从国家层面制定相应的法规，从而保障其有效执行。但是，在有明确的法规之前，我们依然要积极探索学分认证制度在社区教育中的应用，不断推进学分认证制度的完善。首先，我们一定要树立学分认证的理念，在数字化学分平台建设过程中，为不同课程分配合理的学分，并且让居民有学分累积的概念，从而注意提高自己的学分。其次，我们要不断完善学分兑换或互认制度，在创新与实践中，满足居民对学分认证的多样化需求。比如，学习者通过学分累积可以获得以下奖励：学习费用减免、课程和服务优惠、升学就业和社区服务优先等。

为了激励居民学习，实现非学历教育与学历教育之间学分的互认是一种重要的手段。但是不同办学形式的课程设置和学分设定的要求不同，这就为学分银行学分互认的实施带来困难。即使相同层次的课程，由于教学机构不同，课程也存在一定的差异。所以要实现学分互认，就要由市政府牵头建立一套统一的课程认定标准，各社区在此基础上补充各自特色课程的标准，并获得其他社区的认同。这样既实现了北京市所有社区的学分互认，也在互相协商中确保了课程的质量和水准，避免了劣质课程混入其中。

4. 加强共建共享理念，积极探索并践行共享机制

社区数字化学习资源建设的重要途径就是资源共享。目前北京市一些社区也在积极践行共建共享的理念，但是大都集中在线下课程和活动的开展上，以及社区内中小学、中高职学校、普通高校、继续教育学院和博物馆、科技馆等社会公共机构学习资源的整合上，而对各机构和组织所拥有的数字化学习资源并没有做到有效整合。一些基层的社区学校管理者提到，他们辖区内部的学习资源都没有在各社区学校得到共享，区域之间学习资源的整合程度更低，并且

从数字化学习平台来看，不同社区学院之间基本没有实现学习资源的共享。

同时，我们通过调研发现，除了各社区的特色项目和课程外，在生活保健、休闲技艺和家庭教育等方面，学习资源重复建设的现象非常明显。学习资源重复建设耗费大量的人力、物力、财力和时间，同时学习资源之间也存在明显的差异，导致学习资源优劣不一。

为了更好地满足所有群体的学习需求，提供更完整、优质和丰富的学习资源，各社区要做到以下几点：首先，加强共建共享的理念，在学习资源建设过程中时刻融入这一理念。其次，在依靠政府支持的基础上，积极利用本地区的高校、企业、医院等事业单位，以及图书馆、博物馆等社会公共资源，充分挖掘无形的社区教育学习资源，加强社区内部学习资源整合的能力。最后，在内部整合的同时，与其他社区或者城区进行学习资源的共享，这也是社区学习资源实现共建共享的一个重要途径。这就需要北京市政府能够联合京学网，对各区的数字化学习平台进行整合并进行规范，这对实现教育公平具有重要意义。北京市各区在此基础上可以将更多的精力放在本社区居民的需求上进行课程的开发，从而更好地为社区居民服务。各社区之间一定要加强交流，互相分享经验、吸取教训，从而实现所有社区的共同发展。

5. 加强移动学习资源的建设，适应居民移动学习的新需求

随着移动互联网时代的到来，移动学习也成为人们学习的一种新趋势。移动学习让学习者可以随时随地学习、可以充分利用零碎的时间学习，同时满足了学习者个性化的学习需求。学习者能在任何地点和任何时间、以任何方式学习任何内容，这种独特的优势是其他学习方式望尘莫及的，所以移动学习在未来学习中占有重要地位。未来我们应该加强移动学习在社区教育中的应用，利用移动技

术，研发微资源，实现移动情境下的微型化学习，不断满足社区居民终身教育的需求。

六、总结

通过对北京市 9 个社区数字化学习平台和京学网的网络课程学习、个人学习档案、学习社区、学分认证、移动端 5 方面进行分析研究，我们发现，北京市社区教育数字化学习平台为学习者提供了基本的学习支持服务，并且为移动学习提供了条件。同时，根据课程评估，目前的数字化资源建设已经达到一定的规模，但是，社区数字化学习平台中网络课程的质量、数字化学习平台的交互与利用率、学习资源与学分认证制度的结合、共建共享机制的应用等还存在一定的问题，需要从政府的重视，各企业、组织和机构的相互配合，每个人学习意识的增强等方面，构建基于优质的数字化学习资源和良好的学习支持服务的网络学习环境，促进北京市民终身学习行为的养成，真正实现"人人皆学、处处能学、时时可学"。

参考文献

［1］柴兴祝，赵艳立，殷红丽，等. 西城区市民终身学习成果认证制度积分兑换工作实施情况分析［J］. 当代继续教育，2017，35（4）：66-69.

［2］耿益群. 美国高校在线课程教师绩效评价原则、途径及特点［J］. 比较教育研究，2013，35（11）：61-65.

［3］李惠康. 上海社区教育信息化建设之研究［J］. 开放教育研究，2009，15（5）：45-51.

［4］李向东. 以网络平台推进社区教育的思考［J］. 产业与科技论坛，2015，14（16）：154-155.

［5］厉以贤. 学习社会的理念和建设［J］. 高等教育研究，2000（5）：21–25.

［6］刘永福，李静辉. 网络课程在线评价指标体系的设计与实现［J］. 中国远程教育，2015（8）：57–63.

［7］宋其辉. 社区教育数字化资源建构的生态学思考［J］. 中国成人教育，2017（2）：148–151.

［8］宋亦芳. 从1.0迈向2.0：社区教育信息化研究回眸与展望［J］. 河北师范大学学报（教育科学版），2018，20（4）：88–96.

［9］唐燕儿，庞志坚. 社区移动学习——促进教育机会均等的新途径［J］. 中国电化教育，2015（4）：41–46.

［10］韦书令. 社区教育数字化学习平台建设和资源共享研究［J］. 成人教育，2017（5）：32–36.

［11］杨进中，张剑平. 基于社交网络的个性化学习环境构建研究［J］. 开放教育研究，2015，21（2）：89–97.

［12］张润芝，张进宝，陈庚. 网络课程质量评价实践及学术研究评述［J］. 开放教育研究，2011，17（4）：60–65.

［13］周晶晶，孙耀庭，慈龙玉. 区域学分银行建设的困境与思考［J］. 开放教育研究，2016，22（5）：55–60.

［14］周晶晶，陶孟祝，应一也. "学分银行"概念功能探析——基于国内理论研究的回顾和实践探索的梳理［J］. 现代远距离教育，2017（1）：3–10.

［15］刘彩萍. 社区数字化教育资源建设研究［D］. 太原：山西大学，2015.

［16］孙梦. 社区在线学习系统评价体系设计及实证研究［D］. 上海：华东师范大学，2015.

第三章　北京市民终身学习研究

【摘　要】近几年，"互联网＋教育"成为热门话题，终身教育获得了进一步研究和实践的有利条件。本章基于北京开放大学终身教育研究基地对北京市民终身学习现状的调查及研究，对中老年群体有关终身教育、终身学习理念的认识，终身学习方式、途径、资源和环境等现状进行总结，并在此基础上分析北京市中老年群体的终身学习特征，结合老年群体的终身学习需求提出相应的建议。社区教育也是终身教育的主要实践形式，北京市作为率先示范城市，各个区在社区学院终身教育实践探索中都做出了不懈的努力。

【关键词】中老年群体；终身学习；老年教育；学习型城市；课程资源；社区教育；社区学院；创新实践

第一节　北京市中老年群体终身学习现状特征分析

随着终身学习理念的不断推广，学习型城市建设已经成为城市发展的必然要求。中老年群体作为终身学习的主要面向者和受益者，对终身教育的需求一直是社会各界关注的热点。

一、调查背景

随着人口老龄化趋势的加剧，如何加快老年教育的发展已经成为社会重视的问题。1983年，山东老年大学在济南开办，它是全国建校最早的老年大学。接着，一些省市也相继办起了老年大学。2007年，《国家教育事业发展"十一五"规划纲要》特别指出，要"办好老年大学"，这是我国首次将老年教育纳入国家的教育规划。2016年10月，国务院办公厅印发《老年教育发展规划（2016—2020年）》，提出到2020年，基本形成覆盖广泛、灵活多样、特色鲜明、规范有序的老年教育新格局，并提出了发展老年教育的5个主要任务：一是扩大老年教育资源供给。优先发展城乡社区老年教育，促进各级各类学校开展老年教育，推动老年大学面向社会办学。二是拓展老年教育发展路径。三是加强老年教育支持服务。四是创新老年教育发展机制。五是促进老年教育可持续发展。我们可以看出，国家正在大力推进老年教育事业的发展，以促进人口老龄化战略的实施和学习型城市的建设。因此，了解中老年群体对终身教育的需求是当前做好终身教育体系构建工作的重要前提，也能为国家应对人口老龄化发展趋势、推进老年教育事业提出政策建议。

北京市是较早接受终身教育理念的城市之一。北京市政府十分重视发展老年教育，目前已有的相关法规和政策主要包括《北京市老年人权益保障条例》《北京市"十二五"时期老龄事业发展规划》《北京市中长期教育改革和发展规划纲要（2010—2020年）》《北京市关于加快发展老年教育的实施意见》等。[①] 这些法规和政策体现了北京市对老年教育发展的鼓励和支持，北京市积极调动社会各方面的资源来开展老年教育，寻找切实可行的老年教育运行和管理机

---

① 张铁道，张晓. 老年教育的现状与发展需求调研报告——以北京市为例［J］. 老龄科学研究，2015，3（5）：52-61.

制，完善中老年群体终身教育的设施及资源，开展全民终身学习活动周等活动。北京市在中老年群体终身学习建设上取得了一定成果，但是随着人口老龄化的加剧，老年教育的需求也在急速增加。如何缩小现有投入与中老年群体终身学习需求之间的差距是北京市政府亟待解决的问题之一。

二、调查目的

为贯彻落实党的十九大报告中提出的"加快建设学习型社会，大力提高国民素质"的要求，推进全民终身学习，加快首都学习型城市的建设步伐，北京市正在不断扩大基层和社区教育的发展规模，尤其在老年教育的运行机制和教学设施、学习资源等方面做了大量工作。但是，要解决现实发展中存在的覆盖率不高，发展水平不均衡，老年教育的长期性、全面性和多样性不足等问题，北京市还需要做大规模的实证研究。北京市中老年群体作为终身学习的主体，他们的终身学习素养水平、对终身教育的了解程度和满意度，以及形成完善的老年教育发展规划和可操作的实施制度等是我们必须考虑的前提。因此，本研究对北京市中老年群体的基本信息和终身学习情况做了详细调查，并进行了样本分析，旨在为探求北京市老年教育建设的方法、途径提供基础和支持。

三、调查情况

本次北京开放大学终身教育研究基地对北京市民终身学习现状的调查及研究采用的是问卷调查的方法，主要以区为单位对市民进行抽样调查，在北京市 16 个区进行了有关北京市民终身学习现状的调查研究，总共收回 1 597 份问卷，其中有效问卷为 1 584 份，有效率约为99.2%。其中，被调查者中的中老年群体所占的比例约为43.7%。本研究选取被调查者中的中老年群体作为样本，共计697份问卷，对相关数据进行了阐述和分析。

本研究对样本的基本信息调查主要包括所在区、居住地、性别、年龄、文化程度、就业单位、职业种类、工作年限、收入水平等方面。调查分别从对终身教育、终身学习理念的认识，市民终身学习的方式、途径、资源和环境等现状，以及对北京市终身教育现状和发展的看法与建议等方面进行了解，以反映北京市中老年人终身学习的现状和对终身教育发展的期待。

经过对有效样本基本信息的统计，结果表明，被调查者在各区分布合理，其中，房山区（17%）所占的比例最大，其次为丰台区（15%），所占比例最小的为门头沟区（0.2%）和怀柔区（0.2%）；被调查者的性别结构为，男性所占的比例为32.2%，女性所占的比例为67.8%；有效样本中57.4%的中老年人反映身体健康状况良好；大部分中老年人的文化程度较低，大都在高中及以下，其所占的比例为41.7%；75.3%的被调查者反映居住地或工作场所附近有图书馆、科技馆等社会公共文化设施。

四、北京市中老年人终身学习现状及特征

经过对北京市中老年人终身学习现状总体概况的分析，和对中老年群体终身学习的内容、方式、需求等特征进行总结，我们得出了初步结论，北京市中老年人终身学习现状及特征如下。

（一）终身学习意愿强烈

根据调查问卷的数据分析结果可知，虽然北京市中老年群体与青年群体在终身学习理念的认识水平上存在差异，但是北京市中老

年群体普遍认可终身学习理念，对参与终身学习具有迫切的需求。我们可以看到，在终身学习认识上，87.9%的中老年人认同终身学习是从出生到老年不断学习的过程，91.8%的中老年人认同"活到老、学到老"的终身学习理念，87.2%的中老年人认为终身学习对个人发展和家庭生活有益，80.2%的中老年人愿意积极主动参与社区组织的学习活动。由此我们可以得出结论，即北京市中老年群体对终身学习理念具有普遍的认识和理解，并对终身学习持有积极的态度。

（二）终身学习内容以延长个人生命和提高生活质量为主

从北京市中老年群体近几年参加的学习课程统计我们可以看出，他们参加的学习课程更倾向于健康养生、中医、插花等提升自身生活质量的课程，其中，参与度最高的是健康养生课程。除此之外，北京市中老年群体的学习需求调查显示，89.7%的中老年人参与终身学习是为了保持大脑灵活，80.8%的中老年人是为了满足个人的兴趣爱好需求，78.2%的中老年人是为了让闲暇时间过得更充实。我们可以看出，北京市中老年群体在选择终身学习内容时考虑的主要因素是满足个人需要和提升生活品质，在课程内容上青睐符合个人兴趣爱好、贴近生活、难度较小并易于获取的课程，对有利于提升学历教育、促进职业发展和提高工作能力的相关课程的需求较少。综上可知，在中老年群体终身教育课程建设上，应提供有利于延长个人生命和提高生活质量、丰富精神生活的公益性课程。

（三）在终身学习中更倾向于线下面授的教学方式

从问卷分析我们可以看到，在教学方式和学习场所的选择上，北京市中老年群体更倾向于线下面授的教学方式。调查数据显示，70.2%的中老年人更加倾向于线下面授的教学方式，59.3%的中老年人喜欢在线学习的学习方式，63%的中老年人青睐线下面授与线上学习相结合的混合学习方式。这表明，目前最受中老年群体欢迎的教学方式还是面授教学。同时，调查数据也显示，59.1%的中老年人经历过在线学习，其中77.5%的中老年人认为通过微信学习非常方便，74.9%的中老年人认为通过计算机学习方便，64.8%的中老年人认为网站提供了充足的学习资源，甚至有54%的中老年人认为智能手机下载的学习软件中有充足的学习资源可供学习。

结合上述两种情况，我们可以看出，虽然中老年群体对网络环境下学习的技术操作不熟练、对在线学习氛围不习惯，但随着计算机网络和智能手机应用的普及，在线学习在中老年群体终身学习生活中已占据相当一部分，计算机、智能手机等学习终端正在逐渐被中老年群体接受。原因可能有以下两点：一是基于网络，计算机、智能手机和平板电脑能够提供丰富的学习资源，并且便于获取；二是为了与亲朋好友保持沟通联系，他们需要学习如何在计算机、智能手机和平板电脑上使用微信等网上聊天工具。

（四）急需免费、灵活、实用的课程和良好的社区教育

从调查结果我们可以看到，目前北京市中老年群体在终身学习中面临的主要困难依次是缺乏实用性课程（80.1%）、缺乏时间与精力（78.7%）、缺乏社区的学习氛围（75.8%）；中老年群体主要的学习需求依次为家庭生活类（实用性较强）课程（95.2%）、免费的学习活动（94.7%）和社区组织的集中学习活动（91.8%）。从上述结果我们可以看出，北京市中老年群体认为目前终身学习课程的实用性有所欠缺，这也反映出当前的终身学习课程在一定程度上还存在内容空泛、脱离实际的问题。此外，绝大多数被调查者认为终身学习的费用昂贵，并且他们缺少时间和精力去参与。因此，当前北京市中老年群体迫切需要免费、灵活、实用的终身学习课程。

除了在课程学习上遇到困难外，北京市中老年群体在社区教育上也遇到问题。从被调查者反映的问题和需求我们可以看出，中老年人普遍反映社区教育活动不足。社区教育作为终身教育建设中的一个重要环节，还没有完全发挥出它的价值和作用，相对稳定、健全的社区教育机制还未形成。

五、建议及对策

上述对北京市中老年群体终身学习特征的总结情况显示，北京市在中老年教育的建设上还需要进行较大程度的改善，不断加强发展规划，确保资源、资金投入，保障中老年群体终身学习的权利，让他们在终身学习的方式、内容、场所方面有更多的选择，最终使中老年群体的终身学习素养得以提升。以下是本章提出的几点建议及对策。

（一）加强中老年群体终身教育课程资源和社区服务建设

结合上述北京市中老年群体的终身学习需求调查，本章建议北京市政府为中老年群体终身教育提供丰富多样的学习资源和完善的学习服务，如建设开放图书馆，开设免费课程，提供有利于提高生命质量和生活技能、丰富社会生活的相关学习活动等。在课程资源方面，有关部门应结合中老年群体的主要学习需求，建设实用性强、难度小、费用低甚至免费的课程，且在内容选择上更加丰富；结合提高中老年群体对智能手机、计算机的接受程度和使用率这一情况，可以对中老年群体进行微信操作、上网查找资源等内容的培训，使他们能够根据自身的需求定制个性化课程。

同时，中老年群体受身体因素所限，更偏爱距离家近的学习地点；目前中老年群体选择的主要教学方式还是以线下面授为主。基于此，北京市政府应加大社区教育的覆盖力度，以社区为单位，积极调配社区内的各类教学资源，定期开展集中的学习活动，做好活动的组织和宣传，提高中老年群体的活动参与度。

（二）有机组合多种中老年群体的终身学习方式

从上述现状分析我们可以看出，北京市中老年群体正逐渐习惯在线学习的方式。同时，相关机构、媒体平台甚至个人创建的面向老年群体的微信公众号的数量越来越多，老年群体的学习方式也随之变得多样化。目前，老年人的学习方式主要有 3 种：一是由各级老龄工作委员会、教育委员会等相关部门提供的老年教育服务，这种方式规模大、覆盖率高、资源丰富；二是由社区教育机构组织的学习活动，其特点是贴近老年人的日常生活，便于老年人参加；三是老年人在家自主学习，这种方式是目前北京市大部分老年人采取的学习方式。[①]

上述 3 种学习方式应合理安排，根据实际情况有机组合，不能让中老年群体一味地从个人需求、兴趣爱好出发去自学，有些必需的知识与技能还需要通过相关机构和部门组织中老年群体学习，如预防老年人被诈骗等。总之，既要让中老年群体主动参加满足个人需求的终身学习，也要引导他们去参加社会提供的必需知识与技能的学习，最终形成层次丰富、内容多样、方法灵活的老年教育活动。

（三）加大中老年群体终身教育的政策支持和财政投入力度

中老年群体终身教育的发展不仅有益于中老年人本身，而且对国家发展和社会稳定具有重要的意义，因此，北京市应不断完善中

---

① 王琪延，罗栋. 北京市老年人休闲生活研究［J］. 北京社会科学，2009（4）：23-28.

老年人终身教育政策，保证相关财政投入。目前还有一部分人对中老年人终身学习存在误解，包括中老年群体在内，他们认为中老年人终身学习等同于中老年娱乐活动，没有真正认识到中老年群体终身教育的价值所在，这就需要政府做好政策宣传工作，明确社会各界对老年群体终身学习的认识。

除此之外，政府还需要完善中老年群体终身学习机构的建设，建立专门的终身学习委员会，不仅给中老年群体提供稳定、有保障的终身学习服务，而且发挥宣传推广的作用。

在财政投入方面，政府要确保中老年群体终身学习专项资金的投入和使用，将资金落到实处，为中老年群体终身学习提供物质保障。专项资金的使用可以采取教育代金券的形式发放，既可以防止资金被挪作他用，也可以激发中老年群体参与终身学习的兴趣和积极性。

（四）充分发挥社区教育的作用

现在的社区教育有别于传统的学校教育、职业教育和成人教育，是一种区域规定性的教育和社会一体化的新型教育模式，是在一定的区域内利用各种教育资源开展的，旨在提高社区全体成员的整体素质和生活质量、服务于区域经济建设和社会发展的教育活动。[①] 社区教育作为连接学校教育和社会教育的关键点，可以建立教育资源传播和沟通的桥梁。但是当前的许多社区教育机构并没有充分发挥应有的作用。因此，我们认为，社区要根据政策，积极组织和开展学习活动，如书法和绘画展示、文艺会演等，为中老年群体营造良好的终身学习氛围。

另外，社区还应充分利用社区范围内的资源和设施，使资源可

---

① 徐明怡. 社区居民的教育需求与社区教育课程开发策略的研究——以上海市闵行区为例[D]. 上海：上海师范大学，2011：10.

以辐射到更多的地方，为北京市学习型城市建设做出应有的贡献。社区也可定期邀请专家、学者对社区终身教育从业者进行培训，提高他们的专业素质，为中老年群体终身学习提供更好的服务，从而推进中老年人终身教育的发展。总之，社区教育应在宣传推广和营造终身学习氛围等方面为推动中老年人终身学习充分发挥作用。

第二节 北京市民终身学习创新实践研究

一、研究背景

近几年，"互联网＋教育"成为热门话题，终身教育获得了进一步研究和实践的有利条件。我国社区教育从 20 世纪 80 年代开始起步，作为终身教育的主要实践形式，经历了长达 40 余年的发展。北京市作为率先示范城市，在社区教育实践中为首都终身教育事业的创新发展持续注入新鲜的血液。随着 2000 年 12 月北京市教育委员会（以下简称北京市教委）印发的《关于印发全面推动社区教育发展促进首都学习化社区建设意见的通知》，2001 年 6 月北京市教委印发《关于加快发展社区教育的意见》，2016 年 6 月北京市 14 个委办局联合发布《北京市学习型城市建设行动计划（2016—2020年）》，截至目前，北京市西城区、海淀区、朝阳区、东城区、顺义区及石景山区的社区学院终身教育均被评为全国社区学院建设示范区，因此，北京市各个区在社区学院终身教育理论和研究层面都做出了不懈的努力。为了深入了解各社区学院如何把握终身教育"全员""全程""全面"的三大特性，本研究组人员从以下 3 方面开展了相关的研究：北京地区社区学院终身教育创新实践内容；北京市社区教育数字化资源建设及应用研究；基于信息技术，北京市社区教育创新实践是如何开展的。

二、研究实施

为了有效开展相关的研究，自 2017 年 4 月开始，本研究组人员就开展了一系列研究活动的设计与实施，主要包括前期的研究规划、中期的研究实施以及后期的研究成果呈现与反思。

（一）前期的研究规划

首先，经过文献调研和对北京市各社区学院已有研究项目的梳理、对各社区学院网站的浏览，本研究组人员发现，北京市各社区学院在课程建设、信息技术平台应用、队伍建设等方面取得了很好的成果。

其次，结合调研的内容开展访谈，获得当前社区教育、终身教育创新实践的第一手资料，了解当前创新实践取得的成果，充分了解实践过程中存在的机遇和挑战，以期在研究结束时可以为首都终身教育创新实践提供理论基础和实践依据。

最后，根据前期调研结果在专家组与研究组的共同参与下，完成了研究计划和访谈提纲。访谈提纲主要针对教育教学管理人员。本研究组人员拟在研究结束时撰写学术论文 3 篇、总结报告 1 篇。

（二）中期的研究实施

针对研究计划的所有内容，本研究组人员拟订了访谈对象和开展访谈的计划，通过纵向和横向比较，最终将东城社区学院、西城区社区学院及石景山社区学院确定为研究对象。在纵向比较上，东城社区学院、西城区社区学院及石景山社区学院都是早期成立的社区教育实践主体，均成立于 2000 年年初，具有 20 余年的探索实践历史，并伴随着一系列政治、经济、科技及教育的变迁，从理论研究到实践创新都积累了不少经验，为本研究组人员的深度探索提供了依据。在横向比较上，2007 年，东城社区学院与北京大学联合共建特色项目"国子监大讲堂"，为各社区学院校企联合开展终身教育创新实践提供了可参考的路径；西城区的"红墙意识"在北京市所有社区学院中首屈一指；石景山区依托志愿者开展终身教育的实践则成为全市的典范。

访谈正式进行的阶段是最值得回忆的。来自北京师范大学、北京开放大学和北京邮电大学的 5 名研究人员对 3 名社区学院院长及 2 名社区学校校长进行了开放式的访谈，并在被访者同意的基础上，对访谈过程进行了录音。为了尽可能保证资料的丰富性和深度，本研究组人员与每个被访者都保证交谈至少 150 分钟，之后，运用转录工具与文本工具对所有访谈资料和实地考察资料进行了文字化处理，并与被访者再次取得联系，对所有文本资料的真实性和客观性进行了确认，以作为后期研究的原始材料。在不断的交流与沟通过程中，本研究组人员不仅提升了各自的研究技能，而且近距离接触了各社区学院的院长和社区学校的校长，同时还深切地体会到"实践出真知"，他们说的话既有高度，又含深意。

（三）后期的研究成果呈现与反思

结合调研与访谈的内容，按照预先设定的研究内容，本研究组人员开始撰写论文，题目分别为《北京市社区教育数字化资源建设及应用研究》《信息技术推动下的社区终身教育创新实践研究——以北京地区为例》。上述两篇论文的初稿都已经完成，并进入后期的修改和完善阶段，并于近期进行投稿和发表事宜。

《北京市社区教育数字化资源建设及应用研究》通过比较北京市各社区教育数字化学习平台，从资源内容、建设机制、支持服务、学分银行和资源运用 5 方面进行了分析，以期为社区教育数字化学习平台中资源的建设和应用提供借鉴，并为政策的制定提供依据。

《信息技术推动下的社区终身教育创新实践研究——以北京地区为例》结合访谈和已有文献的分析、解读，整理出目前国内社区教育在信息化领域的研究现状和创新实践，并参考学校教育的成功经验，提出未来的研究重点和实践方向。

三、研究成果

（一）理论联系实际，促进社区学院终身教育实践的持续发展

社区学院终身教育作为终身教育的实践形式之一，是全民教育得以实现的最直接的教育形式。北京市在多年的探索与实践中，基本形成了如图 3-1 所示的终身教育创新实践体系。在理论联系实践的思路引导下，以政府为主导，在全社会的积极参与下，按照居民需求构建社区学院终身教育体系成为依托，并需要在有活力的师资队伍的支持下，关注数字化资源的设计与应用，在保证其科学性和规范性的基础上，创建品牌项目，提升居民素质（包括信息素养）。

《国家中长期教育改革和发展规划纲要（2010—2020 年）》中提出，2020 年要基本形成学习型社会。而目前的实践与研究还不能够很好地支持构建完善的学习型社会体系，学习型社会的建设是实现终身教育的重要途径之一，同时，社区学院终身教育也是终身教育不可或缺的一部分。因此，北京市社区学院终身教育实践自 2001 年起开始致力于学习型城区的建设准备，拉开了北京市学习型城市的序幕。[①] 至 2007 年，北京市召开建设学习型城市工作会议，出台了

---

① 叶忠海，张永，马丽华. 中国学习型城市建设十年：历程、特点与规律性 [J]. 开放教育研究，2013（4）：26-31.

《中共北京市委、北京市人民政府关于大力推进首都学习型城市建设的决定》，北京市各城区大力开展了相关的工作。一线的终身教育管理者提到，社区学院终身教育具有全民性、全程性和全面性，社区学院终身教育倡导的理念相较于其他的教育形式，更符合终身教育理念。从理念引导到创新实践，再到理论提升，北京市社区学院终身教育中关于教学人员和管理人员的学术研究能力培训和实践逐步增多，同时各社区学院创建了属于自己的研究机构，使各社区学院终身教育工作者增强了研究意识，在此基础上，总结实践经验，探索社区学院终身教育规律，并将其进行应用和推广。我们可以这样理解，社区学院终身教育必然需要理论联系实际，并在实践中总结和完善已有的理论，发展新的理论，理论要从实践中来，到实践中去，以研究促实践，为学习型城区的全面建设提供一定的理论基础和实践依据。

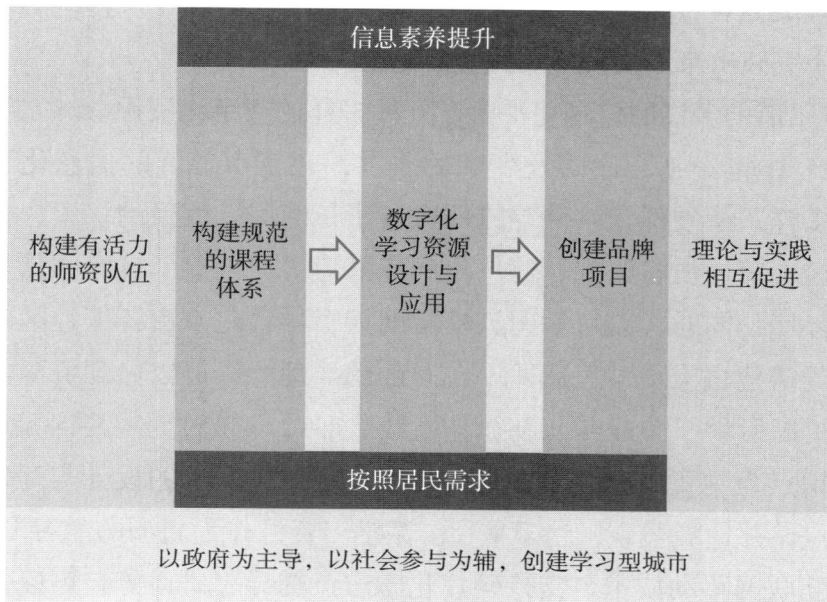

图 3-1　北京终身教育创新实践体系

（二）社区教育正逐步形成课程、资源、品牌、师资等要素一体化的服务体系

通过对北京市 9 个社区数字化学习平台，以及京学网的学习支持服务、学习论坛、学分银行建设、电子期刊、电子书、是否开发移动端 6 方面进行分析研究，我们发现，北京市目前的数字资源建设已经达到一定规模，数字化学习平台也为学习者提供了基本的学习支持服务，并且为学习者的移动学习提供了条件。但是，社区教育数字化学习平台中资源的质量、平台利用率、与学分认证制度的结合、共建共享机制的应用等还存在一定的问题，需要北京市及各区政府更加重视，各个企业、组织和机构相互配合，以促使将优质的数字化资源提供给更多的人，用数字化资源促进北京市民终身学习行为的养成。近年来，北京市围绕社区教育信息化，采取了一些行之有效的措施，取得了一系列创新性成果。移动学习、微课等网络教育成为各社区开展教育的重要方式，使社区教育从传统的教育形式中突破出来，实现了居民随时随地的全面学习。

1. 借助多样的信息化平台，开发多样的数字化资源

自 21 世纪初，应时代变革的要求，北京市各区的信息化平台多种多样，从硬件和软件等方面进行了长时间、大量的探索，包括网络全覆盖、设备购置、信息化环境搭建等，创建了良好的信息化教学环境。同时，以京学网、享学网为引导，北京市各区社区学院网站的搭建也秉承"三通两平台"的倡导理念，可以做到资源共享和所见即所学。2011 年年初微信上线，2012 年被称为"慕课元年"，以知识点为主要内容、以短小精悍为原则的微资源的设计与开发成为热点，并发展至今，趋于平稳。微学习资源作为新型的学习形态，借助互联网移动技术，支持碎片化学习、辅导、研讨等，可以建立人与人之间、人与知识之间、知识与知识之间持续的互动关系，以

实现知识习得、技能转化、智能转换、业务问题解决等多重学习目标。

　　微信公众平台作为数字化资源的载体，可实现群发推送、自动回复以及一对一的交流。微信公众号分为服务号和订阅号，其中，订阅号能够实现群发推送。几名教育管理者都提到，社区学院或者社区学校（以西城区为主）都会通过各自的微信公众平台，推送社区的学习资源、开展的活动及奇闻趣事，营造随时随地学习的氛围。相较于社区学院终身教育形成初期，自 2007 年北京市大力推进学习型城区建设和终身教育体系构建之后，居民基本了解了信息技术的发展和应用。有一位校长特地指出，居民的信息素养在社区终身教育的引领下，确实得到了一定的提升。与此同时，由于有限的资源和不同社区的文化发展不同，人员的学习特点和能力有差异，各社区的教师队伍需要按需研发具有各自特色的本土化微学习资源，在此过程中，教师队伍的微学习资源的设计与开发能力得到了很大的提升。在访谈中，每个教育管理者都从不同的层面提到了这一点。

　　2．推进品牌项目的打造，促进居民学习力的提升

　　品牌项目是推进学习型城区建设的重要支撑。在访谈中，本研究组人员发现，多样的品牌项目的建设与推广是基于北京市各区本土特色的，其中具有代表性的是"以志愿服务推动石景山学习型社区的创建""以颂扬传统文化推动东城区学习型社区创建"等项目。石景山社区学院终身教育基于志愿者的知识与技能，开展了一系列特色活动，开发了多样的学习资源，以项目运作的形式，形成了以社区学院为引导、落实街道社区学院终身教育的机制；以传承优秀传统文化为主，以打造街道品牌为目标，依托街道社区学院终身教育团体开展各类特色活动，成为北京市社区学院终身教育志愿者队伍建设的表率学院。其体现出的特点有如下几个：一是因地制宜、因人而异，依照需求开展社区学院终身教育；二是有效的培训是提

升社区志愿者队伍整体素质的必要条件；三是以强化志愿者服务意识为基础，促进志愿者自我实现需求的满足；四是以骨干志愿者为主力，有效引导社区居民全程参与；五是宣扬传统文化，建设多元化的志愿者团体。

东城社区学院终身教育注重对传统文化的颂扬，尤其是"国子监大讲堂"项目的打造。该项目是由东城社区学院和北京大学共同打造的，坚持以大众性、公益性、继承与创新为原则，邀请北京大学、科研院所等机构中以国学研究见长的专家、学者来授课。自2007年起，课程内容得到了有效的扩展，涉及"论语""孟子""大学""楚辞""宋明理学"等。"国子监大讲堂"项目还依托现代化的教育手段，以线上与线下相结合的学习方式，让居民的学习方式变得更为灵活，使课程内容获得了居民很高的评价，并在全市得到了推广。我们从访谈中体会到，品牌项目的精心打造和健全的服务机制可以使项目得到持续改进并进一步推广，使居民受益良多、幸福感提升明显。

3．遵循可持续发展的原则，构建健全的服务管理模式

社区学院终身教育得以良性、有序地发展和逐步创新，依赖于良好的管理机制和服务模式，北京市各区的社区学院终身教育主要是在北京市教委的引导下，以北京市民终身学习网（京学网）为基础、区级社区学院为龙头、街道社区学院终身教育为中心的三级网络社区学院终身教育服务体系为架构进行的。其中，西城区在探索和发展中进行了改进，选择了适合西城区发展特色的管理机制和服务模式，积极利用闲置资源，在街道社区学院终身教育中心下成立了社区学院终身教育学校，与少年宫轮流开展"一样的教学管理人员、不一样的管理机制"的教学活动。这样的服务机制对资源的利用较为充分，管理更有针对性，弥补了社区学院终身教育在基层推广不足的局限，实现了系统化的管理。另外，某区社区学院院长提

到，社区学院终身教育在推广终身教育理念深入人心、推进终身教育体系构建的同时，鼓励居民开展个性化、自主的学习，因此，在不同的社区倡导以不同的方式开展相关的实践探索，实现了学历教育与非学历教育的协调发展。

社区学院联合高校共同实现师资队伍的建设，并利用其科研的优势，对教师及管理人员开展各类研究性的培训，同时辅助教学管理人员进行课程的研发，包括电子教材和纸质教材开发。除此之外，因为社区学院终身教育是终身教育的一种实践形式，所以涵盖的人员从适龄入学儿童到年迈的老人，年龄差异非常大，因此更需要按需提供服务。针对儿童，应该有很多发展其人文素养、艺术素养和科学素养的课程；针对年轻人，应该包含家长学校、健康生活等的课程，重点关注年轻人如何提升自我综合素养，并成为孩子学习的榜样；针对中老年群体，主要是尽可能发挥他们的优势，积极开展各项有益于身心的活动，开设养生保健、文化艺术、信息技术、心理健康、法律法规、家庭理财、闲暇生活、代际沟通、生命尊严等方面的课程。某社区学校校长还说，上述所有的课程基本上都是在学习者主动参与、教师积极引导的基础上开展的，不同年龄段的学习者可以跨年龄选课。多样化的课程得到了居民的高度赞扬，居民在学习活动中取得了进步、享受了快乐。可见，唯有良好的服务机制才能获得居民的认同。

4. 以专兼职结合的灵活形式，大力发展教育志愿者师资队伍

在师资队伍的形成和发展过程中，社区学院终身教育管理者采用以"专业教师为主、兼职教师为辅"的形式发展师资队伍，石景山区更是以志愿者的形式，开展骨干师资的培训。其实，课程的有效还是要依靠志愿者队伍（包括个人和团体）的建设，因此，教学者本身的问题解决能力、教学技能、教学活动组织能力及核心领导力成为社区学院终身教育管理者关注的重点。针对上述能力的形成，

社区学院终身教育管理者应采取以下措施：一是开展丰富的师资能力培训活动，由高校教师或者培训机构人员承担培训任务，很多社区学院还会邀请一些权威人士开展讲座活动，内容包括教学管理技能及学术研究能力提升等。二是适应时代发展的要求，提升教学者的信息技术应用能力。一方面，教学者需要运用信息技术辅助个人教育教学的有效开展；另一方面，教学者要担负校本教材的研发工作，出版纸质和电子课程资源，针对自己的课程研发微课，当然还要参加教师教学技能比赛等。

另外，社区学院终身教育管理者还要壮大志愿者队伍，解决社区学院终身教育工作者稀缺的问题。发挥志愿者队伍的种子力量，发挥每个志愿者的作用，有效促进志愿者队伍深入社区、走进群众，开展多种多样的教学活动，加大社区学院终身教育在居民中的影响力，鼓励更多的人加入志愿者队伍，将自己的知识与技能分享给身边的人，使其成为终身教育实践的中坚力量。最后，深耕社区的一线教育工作者和志愿者身兼数职，辛苦耕耘，然而因为有些管理部门尚未出台适合的奖励机制，部分项目或者活动在开展的过程中遇到不少阻力，这将为建设有活力的师资队伍带来挑战，同时也是实践过程中暴露出的新问题，需要社区学院终身教育机构进一步解决。

5. 建立健全课程体系，保证课程研发的科学性和规范性

所有课程的建设都需要经历研发、应用、修订的过程。

课程的研发具备以下 4 方面的特点：一是课程内容要适合学习者的需求，以增加知识、发展技能、陶冶情操为主要目标，开发具有地域特色的校本教材和数字化资源；二是课程的研发要具备完整性和普适性，因为社区学院终身教育面向的受众至少是一个街道的群众，社区之间、街道之间的差异性及个体差异都很明显，所以教材的研发应该按需进行；三是应借助专家的力量，对教材的研发给予一定的指导和科学性审核，以保证教材内容的科学性；四是研发

团队或者个人必须熟知课程涉及的概念和内容，做好相关概念的辨析，并具备一定的信息技术应用能力。

课程的应用具备以下 3 方面的特点：一是教学者在开展教学时需要对教材进行完整的解读；二是教学管理者需要对该教材的使用效果进行调查研究，关注学习者对教材的评价，以便针对教材的设计和内容安排进行改进；三是采用线上与线下相结合的授课方式，满足不同群体的需求，配套资源包括课程目标、课程计划、课程标准、课程大纲、课程评价等。

课程的应用结束后，进入第三个阶段，即在反馈的不足和问题的基础上，研发团队对课程进行修订，并在后期的实践过程中，根据居民的需求和时代变革的要求，对课程内容进行改动。

四、建议

根据已有的研究，本研究组人员有针对性地提出了以下几方面的建议。

第一，在社区学院终身教育发展探索的过程中，基本形成了一套较为完善的体系，但是还存在一些较为突出的问题，亟须解决。比如，社区学院终身教育工作者不足，教育教学工作者与管理者在执行相关任务上并没有太明显的界限。首先，社区学院终身教育工作者往往身兼多职，承担超额的工作任务成为常态；其次，社区学院终身教育教学工作者的发展受到限制，所有的评定与奖励机制都是按照中小学的相关机制进行的，社区学院终身教育工作者缺乏独立的机制支撑，难以按需灵活地开展实践活动；再次，社区学院终身教育工作者的教育背景复杂，专业多样，缺乏社区学院终身教育特定的人才培养体系，这为营造良好的社区学院终身教育专业氛围带来了挑战；最后，需要各级政府高度重视，并加大投入，以调动全民终身学习的积极性为目的引领学习型城区的建设。

第二，应该加大宣传力度，提高社区教育数字化学习平台的利用率。只有不断扩大社区教育数字化学习平台宣传的覆盖面，才能对社区居民甚至更大范围内的市民产生社会影响力，深化共建共享理念，积极探索并践行资源共享机制。同时，课程建设应以需求为导向，将教育性和系统性相结合，充分利用信息技术手段，在满足教育性的基础上，给学习者呈现更加直观、生动的课程，提高课程的可视化程度。

第三，社区教育微课程与学校教育微课程还有一定的区别，设计模式与制作流程有待进一步研究。在新形势下，如何基于"互联网+"，主动适应和引领社区教育发展新常态，创新市民学习的新载体，激发社区教育发展的新动力，进而稳步推进社区教育的信息化发展还有待进一步探索，许多问题亟待解决，例如，如何充分运用学习分析技术提升个性化服务体验。我们应当充分强调学习空间的泛在性，并在建立资源开发和整合机制的基础上，完善学习积分管理。

第三节　北京社区教育信息化实施路径创新研究

随着信息技术的高速发展，信息化已经成为现代教育的一个重要标志。社区教育作为现代教育的重要组成部分，其信息化已经成为实现全民终身学习的有力支撑，成为建设新时代教育现代化强国的重要一环。经过多年的探索实践，信息技术对社区教育的革命性影响已经显现，但与新时代的要求还存在较大的差距。在此背景下，如何继续推动社区教育信息化的发展，需要我们积极探索和系统思考。

《教育信息化十年发展规划（2011—2020 年）》指出，教育信息化"是实现我国教育现代化宏伟目标不可或缺的动力和支撑""以教育信息化带动教育现代化，破解制约我国教育发展的难题，促进教育的创新与变革，是加快从教育大国向教育强国迈进的重大战略选择"。[①] 社区教育信息化是教育信息化的重要组成部分，是教育信息化需要着重加强的薄弱环节，以教育信息化的服务理念促进信息技术与社区教育的深度融合是现代社区教育信息化创新发展的必由之路。

一、社区教育信息化的重要性

（一）信息化促进社区教育的均衡发展

教育均衡是实现教育公平的基础和前提。社区教育存在地区之间的发展不平衡：在东部沿海地区，以长三角为代表，社区教育广泛开展；在中部地区，社区教育进展缓慢；在西部地区，社区教育整体上刚刚起步。另外，农村社区教育严重滞后于城镇社区教育。[②]

教育信息化以网络为传播媒介，可以将社区教育实践过程中创建的微课、优秀教师的课堂教学录像等优质的教学资源进行传播，扩大优质教学资源的覆盖面，使社区教育欠发达地区的学习者可以享受名师资源，促进社区教育资源的均衡配置，弥补社区教育在不同地区之间发展的不均衡。

运用信息化手段可以对社区教育大数据进行挖掘，利用学习分析技术可以对学习者的学习特征进行分析，有助于教师找到学习者

---

①　教育部. 教育信息化十年发展规划（2011—2020 年）[EB/OL].（2013-03-13）[2021-06-27]. http://www.moe.gov.cn/srcsite/A16/s3342/201203/t20120313_133322.html.

②　唐燕儿，庞志坚. 社区移动学习——促进教育机会均等的新途径 [J]. 中国电化教育，2015（4）：41-46.

在学习过程中存在的问题，为每个学习者提供精准的学习指导，做到因材施教、精准施教，让每个学习者充分发挥自己的特长和学习潜能，有效弥补因个体差异造成的发展不均衡。

教育信息化通过信息化手段实现了优质教育资源的共享，通过教育大数据分析，使教学更加个性化、管理更加精细化、决策更加科学化，促进了社区教育质量的全面提高。

（二）信息化提高社区教育各环节的效率

信息化由于其快速的处理能力和极低的差错率，大大提高了社区教育领域的工作效率。社区教育的主要对象是社区居民，在教育过程中，需要收集、录入居民的相关学习信息。随着信息化的介入，原本繁重冗长的收集、录入、处理工作变得简洁、高效，在提高工作效率的同时，也大大降低了出错率。此外，多媒体的使用节约了教师写板书的时间，提高了板书的规范化，更便于学习者对内容的理解。网络技术的引入也使得学习者可以随时随地联网检索相关前沿知识，开阔了学习者的视野，同时学习者可利用网络分享学习成果，这对于增强学习者的学习成就感、提高学习者的学习积极性具有重要作用。

（三）信息化推动新时代社区教育的全面改革

社区教育是结合社会教育和学校教育而产生的一种教育模式，是终身教育的重要组成部分和实现途径。[①] 社区教育对于构建学习型社会、进一步健全社会治理体系、继承中华民族优秀传统文化、弘扬国家核心价值观、促进人的全面素质的提高、促进社会和谐发展

---

① 徐宝良. 我国社区教育发展的历程、问题与展望［J］. 成人教育，2018（9）：55–59.

具有重要作用。①然而，由于工作观念陈旧、体制机制僵化、路径方法单一等，社区教育的工作效果不佳、发展瓶颈难以突破，这严重阻碍了终身教育体系的建设进程。随着现代信息技术的发展，社区教育迎来了新的发展时机，获得了更多的发展机遇。在信息化的推动下，构建新型教育管理理念、教育模式和学习模式成为必然，这有利于更好地服务终身教育体系建设、推动新时代社区教育的全面改革。

二、社区教育信息化的发展现状

随着学习型社会的建设、终身教育体系的构建，以及教育信息化的深入推进，全国各地纷纷开始构建数字化学习平台，建设数字化学习资源，出台各种地方法规，完善学习支持服务，积极调动各种资源，营造社区教育信息化氛围。社区教育信息化建设自启动以来，平台和资源的建设一直是重点任务。社区教育平台主要包括门户网站、移动 App、微信公众号 3 种形式，在实践过程中逐步形成了以门户网站为主体、以移动 App 和微信公众号为两翼的发展格局。为了更好地服务移动学习，以大数据、云计算、人工智能为依托的移动学习平台也在逐步完善。在资源建设中，自建、共建和购买是主要方式，其中具有地域特色的学习资源一般由社区学院等单位自建，同时社区学院与科研单位、高校、企业合作共建也在不断加强。为了推动社区教育平台和资源的共建共享，2017 年 11 月，"全国社区教育数字化学习联盟"成立，旨在充分发挥各自的优势，

---

① 江爱华，张婧. 跨界融合：新时代社区教育创新发展的路径选择［J］. 成人教育，2018（10）：29-33.

大规模整合社区教育资源，推进信息技术与社区教育的深度融合。①

　　平台和资源的建设最终要为学习模式服务。如何利用现有的数字化学习资源和平台满足居民的学习需求，是教育信息化发展的一个重要课题。目前学习者利用网上资源进行学习的方式主要有自主学习、讨论学习和集中学习。为了使学习资源发挥最大的应用价值，有些地区提出了混合学习模式，即学习者在平台上进行在线学习并获得学分，然后入校学习或者参加实训，考试或考核通过后再次获得学分，完成两类学分后才能取得证书。社区教育中的培养对象、定位、模式与普通教育有很大的不同，因而社区教育中使用的平台和资源与普通教育有迥然不同的定位和要求。如何推动平台和资源的合理建设，探索契合社区教育学习者需求的学习模式，让它们能更好地为社区教育信息化建设服务，是社区教育信息化发展面临的重要任务，有待我们进一步探索和深入研究。

　　为保障社区教育信息化的顺利实施，政府和教育部门也出台了一系列政策规章和保障措施。2011 年 4 月，中国成人教育协会社区教育专业委员会下发了《全国"十二五"推进数字化学习社区建设规划》②，对全国的数字化学习社区建设提出了指导意见，进一步推动了社区教育的信息化发展。2014 年 8 月，教育部等 7 部门印发了《关于推进学习型城市建设的意见》，把信息技术作为学习型城市建设的主要任务之一，提出要有效应用现代信息技术，拓展学习时空。③ 2016 年 6 月，教育部等 9 部门提出《教育部等九部门关于进一步推进社区教育发展的意见》，将推进社区教育信息化作为主要任

---

① 宋亦芳. 从 1.0 迈向 2.0：社区教育信息化研究回眸与展望［J］. 河北师范大学学报（教育科学版），2018（4）：88-96.

② 中国成人教育协会社区教育专业委员会. 全国"十二五"推进数字化学习社区建设规划［EB/OL］.（2011-04-18）［2021-06-27］. http://www.ec.js.edu.cn/art/2016/1/8/art_13829_186579.html.

③ 教育部. 关于推进学习型城市建设的意见［EB/OL］.（2014-08-11）［2021-06-27］. http://old.moe.gov.cn/publicfiles/business/htmlfiles/moe/s5987/201409/174940.html.

务之一，进一步明确要运用现代信息技术手段，建设数字化学习平台，创新服务模式，为市民提供形式多样的学习支持服务。[①]

三、研究方法

本研究采用文献分析法、案例研究法、访谈法等研究方法。通过对社区教育信息化发展历程的梳理，本章总结了国内社区教育信息化的研究现状；为了更好地了解北京市社区教育信息化的实践过程，本章选取了北京市运行比较成熟、信息化水平较高且具有推广意义的社区教育案例，从数字资源的开发模式、数字化学习平台的应用方式、教学模式等方面进行比较与分析。结合对北京市西城区社区学院、东城社区学院、石景山社区学院等多个社区学院和街道学校的社区教育管理者、相关项目建设负责人或组织人以及社区教育教师的半结构化访谈，我们深入了解了社区教育信息化过程中的技术应用、服务模式和保障措施等。

从数字资源的开发模式来看，我们可以通过引进优质资源、自主开发、联合开发等方式，建设海量资源库，提供资源支持服务。但自主开发仍然是目前数字资源开发最常见的模式；同时，有关部门还应鼓励各类教育机构参与，依托社区学院的办学优势，联合高校进行数字资源的建设。

从数字化学习平台的应用方式来看，以社区学院网站为依托，充分利用新媒体开发移动学习平台，及时为学习者推送个性化的学习资源，便于学习者利用智能手机、平板电脑等移动终端随时随地浏览学习资源。

[①] 教育部. 教育部等九部门关于进一步推进社区教育发展的意见［EB/OL］.（2016-07-18）［2021-06-27］. http://www.moe.edu.cn/srcsite/A07/zcs_cxsh/201607/t20160725_272872.html.

从教学模式来看，社区学院多采用线上与线下相结合的混合教学模式，提供培训前的指导、培训中的实时咨询，并为每个学习者建立学习档案袋；此外，社区学院还基于学习主题、学习伙伴协作、评比展示活动 3 种教学模式，为学习者提供个性化的教学。

四、北京市社区教育信息化的实践情况

北京作为全国教育中心，近年来，在信息技术助力深化社区教育发展方面有很多创新的举措和行动。

（一）基础网络设施建设日益完善

基础网络设施的完善是教育信息化的必要条件，北京市坚持"统筹规划，协调发展；统一标准，分步实施；政府主导，社会参与"的建设原则，不断完善基础网络设施建设，积极打造数字化学习环境。全市已建成由骨干网、区局域网和校园网三级网络构成的北京教育信息网，实现了与中国网通、中国电信、中国教育科研网等网络的高速互联，初步搭建了高标准、全覆盖的数字化学习环境。目前北京市正逐步提升教育云环境支撑能力，基于现有基础网络设施和各类公共云服务，整合各级教育单位基础设施资源，贯通各区教育云节点，构建了一个市级主中心、多个区级和高校子节点协同工作的教育云基础环境体系。[①]

（二）多层级数字化学习平台逐步建成

数字化学习平台是实施社区教育信息化的保障，关系到居民运用信息技术的学习效果，甚至会影响社区教育信息化的未来发展。

---

① 曾瑞鑫. 北京市教育信息化三年行动规划（2018—2020）发布［EB/OL］.（2018-07-17）［2021-06-28］. http://edu.china.com.cn/2018-07/17/content_57566263.htm.

北京市统筹社区教育数字化学习平台建设，实现了市、区、街道共建共享的多层次数字化学习平台；着重构建移动学习模式，打造基于微信的移动学习平台，让居民能够利用零碎的时间学习；多平台互联互通，实行注册一个账号就可以跨平台学习，优化了社区教育资源的供给方式，使居民以最方便、最快捷的方式学习。

北京市切实推进各地数字化学习平台的互联互通，为居民获取学习资源提供多渠道的支持。居民可以根据自身的使用习惯和学习风格，分别通过三大类平台加入社区教育学习活动。

京学网涵盖了保健养生、职业发展和文化艺术等类别的课程。

北京各区建设了社区学院网站或区一级的学习网，主要面向本区域的居民，具有广泛、稳定的学习人群。移动学习平台与社区学院网站或区一级的学习网互通互联，可以实现学习资源的充分融合，避免资源的过度开发；社区学院网站或区一级的学习网与移动学习平台的学习人群相融合，扩大了学习人群的范围，激发了学习者的学习兴趣，增加了学习者的学习活力，实现了各网络学习平台之间的无缝对接。

北京市各委办局（政府办事机关）、街道社区都有各自的微信公众号，通过各官方微信平台发布活动消息，实现微信叠加宣传，拓宽学习活动的宣传渠道，提高居民对活动的知晓率。平台集微信订阅号和手机 App 的功能于一体，针对成人学习的特点，结合移动学习的特点而设计，设置了关键词回复内容。学习者通过回复相应的关键词可以精确查找他们需要获取的信息，如回复"学习卡"会显示学习卡使用流程的介绍，回复"课程"会显示即将上线的精品课程介绍，由此方便了学习者的学习。

（三）多样化的数字化学习资源建设模式趋于成熟

数字化学习资源建设是实现社区教育信息化的关键一步，是构建学习型社会的关键一环。为了满足居民多样化的学习需求，北京市各社区学院在数字化学习资源的开发中，采用联合开发、优质引进、自主开发3种模式以及积极树立品牌项目、逐步完善学分互认机制，最大限度地满足社区教育数字化学习资源的数量，提升社区教育数字化学习资源和平台的使用率，激励市民进行终身学习。

1. 联合开发

高校学科门类齐全，拥有各自的特色专业和专业建设团队，师资力量强大，在与学科及专业相关的学习资源的建设上具有绝对的优势。此外，高校能为学习资源的制作提供丰富的参考资料，高校还拥有多媒体教室、实验室及仪器等，能为课程的拍摄提供更加专业的场地和设施设备，教育技术专业人员能为学习资源的制作提供强有力的技术支撑。社区文化本身就是很好的课程资源，以其为内容能更好地体现本土优势和区域特色；同时，社区拥有庞大的企业行业资源，能为相关学习资源的开发提供宝贵的智力及场地支持。高校、企业和社区应加强协作，深入挖掘、合理调配、联合开发符合居民需求的数字化学习资源。

2. 优质引进

社区教育教学的内容与传统学校教育的内容有所不同，不仅有知识的学习，而且有生存技能、生活态度、休闲娱乐等内容的学习，这在一定程度上加大了相关数字化学习资源制作的难度。目前，社区学院的教师远远不能满足数字化学习资源建设的需求，这就需要扩大学习资源的征集范围，拓展学习资源的来源渠道。社区学院应向社会公开征集数字化学习资源，择优选用，并给予提供者一定的报酬。

3．自主开发

北京市各社区学院组织成立了资源设计团队，该团队负责前期的调研、课程资源信息的收集和课程内容的规划；成立了授课团队，该团队负责教案的编写、课件的制作及课程的讲授；成立了制作团队，该团队负责课堂教学视频的拍摄和后期的编辑；成立了技术团队，该团队负责数字化学习资源的上传及在线维护；成立了管理团队，该团队负责数字化学习资源的更新、调控及日常管理。在数字化学习资源的建设过程中，不同团队各负其责，通力合作完成数字化学习资源的开发。同时，社区学院还应充分发挥志愿者的作用。社区教育志愿者来自居民，了解居民的需求。一部分志愿者又具有较丰富的专业背景知识，社区学院可以充分利用他们的专业知识，协助志愿者独立自主地开发数字化学习资源，使本区域的数字化学习资源更加丰富。

4．积极树立品牌项目

数字化学习资源和平台的建设归根结底要为社区教育服务，那么，如何最大限度地提升社区教育数字化学习资源和平台的使用率，切实推进社区教育信息化的进一步发展？针对这一问题，北京市各社区学院探索出一条以品牌项目带动数字化学习资源、平台建设和使用的发展之路。"社区教育品牌项目"是指遵循现代社区教育理念和发展规律，以社区为中心，面向居民、贴近生活、服务社区、切合当地实际、特色鲜明、居民认可、参与性广，具有普遍推广价值和较强的社会影响力的社区教育课程、社区教育培训或社区教育活动。[1] 在"社区教育品牌项目"的推动过程中，社区学院应充分利用信息技术，将品牌项目的学习资源同步建设为数字化学习资源；在

---

[1] 李惟民. 社区教育品牌项目的实践品格和价值蕴涵：以上海浦东新区社区教育为例［J］. 当代继续教育，2016（4）：40–46.

现有平台中，建设特色项目专栏，便于居民搜索，构建面授教学与网络学习相结合的混合学习模式，方便居民学习，也有利于提高品牌项目的知晓率、扩大品牌影响力。由北京市东城社区学院推出的"国子监大讲堂""四时五行话养生"等项目已经成为首都市民的学习品牌，吸引了上万名学习者参与学习。

5．逐步完善学分互认机制

依托北京开放大学，北京市组建了市级学分银行管理中心、学分银行网上服务中心，有利于拓宽终身学习通道，开展终身学习成果积累与转换工作；建立了市民终身学习档案，为普通高校、职业院校、成人高校之间的学分积累与转换提供了平台。个人学习账号和学分累计制度的建立，畅通了继续教育与终身学习的通道，实现了个人学习信息存储、学习成果认证、学分积累与转换，有利于激励市民进行终身学习。

五、社区教育信息化的发展路径

社区教育信息化建设是一项系统工程，涉及面广，业务技术性强，建设周期跨度大，因此，必须做好顶层设计，树立全局思维，尤其强调整体层面的统筹协调，注重多部门协同联动，这样才能构建一条具有科学性、可行性的有效路径。

（一）加强网络教育平台和优质学习资源的共建共享

1．完善网络教育平台建设，夯实社区教育信息化的基础条件

网络教育平台是社区教育信息化的重要推动工具。完善网络教育平台建设，一是要强化网络教育平台的开放性，各地社区教育主管部门和参与部门应统筹地区教育资源，加快建设面向本地区社区教育的跨网络、跨平台、跨终端的网络教育平台，打造数字化智慧

学习环境。网络教育平台应着重体现公益性，面向全社会的学习者开放。[①] 二是要强化网络教育平台的智能化、个性化发展。社区学院应充分注重 Web 前沿技术的应用，既要注重把握 Web 2.0 支持社会性学习和提倡开放、共享与合作的技术应用特性，又要注重开创和构建 Web 3.0 中智能学习、智能检索、语音交互的新体验。移动学习是网络教育发展的趋势，社区学院要注重对移动学习的支持，加强支持各种移动终端学习平台的建设，为学习者提供能随时随地学习的服务平台。

2. 围绕居民的学习需求，推进数字化学习资源建设

数字化学习资源是社区教育信息化的基石，资源内容建设要以导向型、多样化、适用性和创新型为原则。数字化学习资源建设要做到以下几点：一是要以居民的学习需求为导向，切实满足不同类型学习者的学习需求和现代学习方式。二是要建设和整合海量的学习资源，资源的内容和表现形式要多样，便于居民选择。在满足居民基本学习需求的基础上，增加个性化设计，针对不同的人群开发更具有针对性的学习资源。不断拓展新型学习资源，如基于移动学习的微课、慕课等。拓宽资源建设渠道，运用好既有学习资源，对既有学习资源进行更新和改造。合理运用校内外资源，实现校内优质资源和校外资源的整合。制定数字化学习资源建设的统一标准，为数字化学习资源的共建共享提供技术支持。

（二）加强专业人才队伍建设，提升教师的信息化素养

以大数据技术为基础的教育信息化 2.0 对教师的信息化能力提出了更高的要求。[②] 相对于传统的信息化建设，新时代的教育信息

---

① 宋亦芳. 城市社区教育信息化发展的前瞻与思考［J］. 职教论坛，2017（7）：50-57.
② 周南平，贾佳. 大数据背景下的高校信息化建设路径研究［J］. 中国电化教育，2018（9）：75-80.

化技术手段更先进、专业性更强，因此对相应的管理和开发人员的素质能力要求更高。社区学院、开放大学及相关部门要加强大数据等相关专业技术人才的培养，加大对社区教育人才的引进力度，注重组建专业人才队伍，为信息化应用提供支持和技术保障。

（三）改革学习评价方式，推行"学分银行"和学分互认

社区教育在推进过程中遇到的一个困难就是学习成果如何认证，能否与学历教育互认转化。这一困难严重阻碍了社区教育及信息化的发展进程。因此我们必须改革现有的学习评价方式，打破社区教育和学历教育的壁垒，推行"学分银行"和学分互认。我们需要建设统一的学习成果认证框架，确保社区教育和学历教育具有统一性，使社区教育作为学历教育的补充，同时又具有和学历教育同等的地位；设定学历资格相对应的知识及能力所应达到的标准，确保社区教育学习成果的积累、转换和互认成为可能。

（四）创新示范，采用社区教育信息化的激励措施

社区教育信息化的建设还需要采用必要的示范和激励措施。首先，各省、市、区可以设置社区教育信息化推进委员会，评选出信息化实现程度较高的城市或社区，作为其他城市、社区或教育机构学习的对象。其次，各省、市、区的有关部门可以开展先进个人的评选和表彰活动，使先进人物成为全民学习的典范。最后，积极组织品牌活动，鼓励和带动全民使用信息化手段参与学习。

（五）营造信息化教育氛围，提升社区成员的参与度

社区教育信息化的建设离不开信息化教育氛围的营造。首先，各社区学校、街道等要积极组织、承担各种形式的信息技术推广活动，根据区域特点，通过专题讲座、信息技术科技周等学习与培训

开展宣传活动，增强社区居民的信息化意识。其次，社区学院及相关学校要充分利用已建成的多媒体和网络平台，使居民意识到社区教育具有数字化学习资源丰富、网络学习环境轻松、学习时间灵活、学习地点随意等特性，主动使用信息化手段参与学习。

（六）加强政策法规建设，拓宽经费收入渠道

1．完善相关政策法规，健全监督和评估制度

完善相关政策法规是社区教育信息化得以稳步推进的一个重要保障。虽然国家出台了一系列文件，提供了一定的指导意见，但仍然存在政策目标制定模糊与执行滞后等问题，因此政府及相关部门需根据实际情况来制定和完善社区信息化政策。[①]首先，政府及相关部门应确立清晰的目标，将之作为行动指南，将政策或意见下发到地方后，社区必须依据自己的实际情况，将指导性的政策目标转化为具体化的、便于执行的目标。其次，政府及相关部门应制定完善的规章制度，明确社区相关组织和个人在信息化建设过程中的职责，明确信息化建设的任务、对象、经费来源、技术支持和实施办法等。最后，政府及相关部门应健全监督和评估制度，对社区内外进行监督，采用上级部门、社区学校自身和社区学习者相结合的评估模式，维护社区教育信息化的健康与可持续发展。

2．加大财政投入，拓宽经费收入渠道

社区教育和传统教育不同，它是政府主导、多方联动、社会各方支持的教育形式和活动，因此必须完善政府投入和市场有效介入的保障机制，充分利用市场，使资金多渠道地投入社区教育信息化建设。首先，政府及相关部门要继续加大对社区教育信息化的财政

① 朱成晨. 学习型社会与终身教育体系建设：信息时代的省思［J］. 网络教育，2018（10）：41-46.

投入，划拨专项资金，保障信息化建设的需求。其次，在政府的统筹下，社区教育市场要逐步开放，通过项目外包、委托管理等方式，政府及相关部门应鼓励各级各类学校和社会教育培训机构、社会组织、社会资本积极进入社区教育信息化领域，并创造一个透明、公开、公平的竞争环境。

六、总结

社区教育信息化发展是新时代社区教育发展的必然要求，信息技术推进社区教育变革成为社区教育发展的重要导向。要实现、维护好社区教育信息化成果，稳步推进社区教育信息化发展，必须做好顶层设计，利用政策法规保障社区教育信息化发展的地位不动摇；利用先进的信息技术，为学习者提供便利的学习平台与优质资源服务；创新资源供给模式，积极引导学习者参与信息化进程，使信息化更好地服务于社区教育的可持续发展，助力终身学习体系的构建和学习型社会的建设。

参考文献

［1］江爱华，张婧. 跨界融合：新时代社区教育创新发展的路径选择［J］. 成人教育，2018（10）：29–33.

［2］李惟民. 社区教育品牌项目的实践品格和价值蕴涵：以上海浦东新区社区教育为例［J］. 当代继续教育，2016（4）：40–46.

［3］宋亦芳. 城市社区教育信息化发展的前瞻与思考［J］. 职教论坛，2017（7）：50–57.

［4］宋亦芳. 从1.0迈向2.0：社区教育信息化研究回眸与展望［J］. 河北师

范大学学报（教育科学版），2018（4）：88-96.

［5］唐燕儿，庞志坚．社区移动学习：促进教育机会均等的新途径［J］．中国电化教育，2015（4）：41-46.

［6］王琪延，罗栋．北京市老年人休闲生活研究［J］．北京社会科学，2009（4）：23-28.

［7］徐宝良．我国社区教育发展的历程、问题与展望［J］．成人教育，2018（9）：55-59.

［8］张铁道，张晓．老年教育的现状与发展需求调研报告：以北京市为例［J］．老龄科学研究，2015，3（5）：52-61.

［9］周南平，贾佳．大数据背景下的高校信息化建设路径研究［J］．中国电化教育，2018（9）：75-80.

［10］朱成晨．学习型社会与终身教育体系建设：信息时代的省思［J］．网络教育，2018（10）：41-46.

［11］徐明怡．社区居民的教育需求与社区教育课程开发策略的研究：以上海市闵行区为例［D］．上海：上海师范大学，2011：10.

［12］北京市中长期教育改革和发展规划纲要（2010—2020 年）［EB/OL］．（2010-12）［2021-06-27］．http：//jw.beijing.gov.cn/xxgk/zfxxgkml/zfgkzcwj/zcjd/201912/t20191205_866927.html.

［13］教育部．关于推进学习型城市建设的意见［EB/OL］．（2014-08-11）［2021-06-27］．http：//old.moe.gov.cn/publicfiles/business/htmlfiles/moe/s5987/201409/174940.html.

［14］教育部．教育部等九部门关于进一步推进社区教育发展的意见［EB/OL］．（2016-07-18）［2021-06-27］．http：//www.moe.edu.cn/srcsite/A07/zcs_cxsh/201607/t20160725_272872.html.

［15］教育部．教育信息化十年发展规划（2011—2020 年）［EB/OL］．（2013-03-13）［2021-06-27］．http：//www.moe.gov.cn/srcsite/A16/s3342/201203/

t20120313_133322.html.

［16］曾瑞鑫. 北京市教育信息化三年行动规划（2018—2020）发布［EB/
OL］.（2018-07-17）［2021-06-28］. http：//edu.china.com.cn/2018-
07/17/content_57566263.htm.

［17］中国成人教育协会社区教育专业委员会. 全国"十二五"推进数字化
学习社区建设规划［EB/OL］.（2011-04-18）［2021-06-27］. http：//
www.ec.js.edu.cn/art/2016/1/8/art_13829_186579.html.

第四章　北京市民终身学习典型项目

石景山区以志愿服务推动社区教育创新

一、项目概述

北京市石景山区社区教育志愿者协会（以下简称志愿者协会）成立于 2004 年 6 月，秉承建设学习型社会、构建终身教育体系的宗旨，弥补了社区教育节日活动多、系统规划少的不足，逐渐形成了以社区学院为引导、落实街道社区教育的机制，并以传承优秀传统文化为主，以打造街道品牌为目标，实时、有序地依托街道社区教育团体开展各类特色活动，成为北京市社区教育志愿者队伍建设的表率。志愿者协会的管理网络如图 4-1 所示。

截至 2019 年年底，志愿者协会共注册个人志愿者 6 万余人、团体会员 19 家，依据各项工作规则和管理办法，开展了一系列喜闻乐见的社区教育活动。与此同时，志愿者协会不仅实现了分层管理，而且向我们充分展示了社区教育志愿者多元化、社区教育需求地域化等特色。健全的志愿者队伍建设使"深耕社区的志愿者送教""有声有色的市民体验""品牌式精品课""规模化学习型社团建设""推进传统文化"五大教育板块项目的实施和活动的开展有声有色。

石景山区社区教育志愿者协会

理　事
区委组织部副部长
区委社会工委书记
区文明办主任
区外事办主任
区文委主任
区教委副主任

会长（社区学院院长）

副会长（社区学院副院长）

秘书长（社区教育处主任）

理事（分会会长）
五里坨街道　广宁街道
金顶街道　八角街道
苹果园街道　古城街道
八宝山街道　老山街道
鲁谷社区 9 个街道
主管社区教育副主任
社区学院副院长

社区学院分会

五里坨街道分会

广宁街道分会

金顶街道分会

八角街道分会

苹果园街道分会

古城街道分会

八宝山街道分会

老山街道分会

鲁谷社区分会

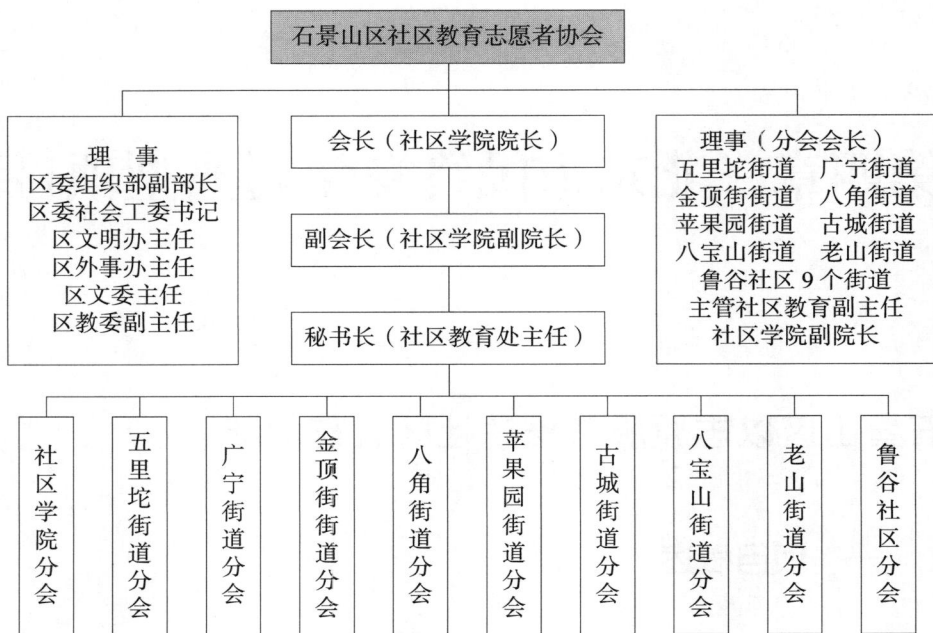

图 4-1　志愿者协会的管理网络

二、依托社区学院分会，开展志愿活动

（一）因地制宜，因人而异，依需开展社区教育

石景山区社区教育志愿者分会是依据不同的街道成立的，因为每个地域及其文化传承不同，涌现出不同的志愿者和志愿者团体。9个街道分会指导志愿者参与"一街一品"特色课程项目建设，并发挥高校教师志愿者的优势，指导分会志愿者编写教材，旨在呈现各街道的品牌和特色项目，包括书法、茶艺、剪纸、戏曲、摄影、环保等。另外，9个街道分会及时开展市民学习需求调查、社区教育活动成效评估和满意度调查，时刻关注居民需求，依靠科学研究提

升社区教育的质量和效益，全面促进社区教育的发展。

（二）有效的培训是提升社区志愿者队伍整体素质的必要条件

与其他社区教育志愿者培训的情况相比，石景山社区教育致力于志愿者队伍的建设，对志愿者队伍开展了自上而下的分层培训，使得志愿者培训工作井然有序地开展。八角街道分会针对社区教育志愿者举办了摄影技能培训和"茶艺"体验培训；金顶街街道分会为社区居民举办了家庭教育系列讲座，开展了科普知识讲座和知识竞赛活动；鲁谷社区分会坚持每月开展两次主题突出、内容丰富的大型活动，涉及七一、国庆节等节日的文明礼仪培训系列活动等。

（三）以增强志愿者的服务意识为标准，满足志愿者自我实现的需求

石景山社区学院的志愿者开发了"社区教育志愿者师资库管理系统"，有效辅助并开展"志愿者送教进社区"活动，使得在岗志愿者教师深入社区开展教育志愿服务。在志愿服务的过程中，志愿者获得了自我实现的满足感，并提升了全体居民学习的积极性和主动性，调动了居民学习的兴趣。志愿者走进社区，亲近居民，让自己所学得以推广，不仅有助于对"学然后知不足，教然后知困"（《礼记·学记》）的深层理解，而且可以让志愿者队伍得到很好的扩充，使文化的传播更为广泛。例如，苹果园街道分会举办的摄影沙龙、组织的合唱团和舞蹈团远近闻名，赢得了居民的广泛认同。

（四）以骨干志愿者为主力，有效引导社区居民全程参与

骨干志愿者是志愿者队伍的核心引导力，其中，古城街道分会

聘请志愿者骨干顾克、赵丽丽、仇光霞 3 位老师为心理咨询员，定期举办心理健康讲座，参与完成"一街一品"中的"心理疏导"特色课程。五里坨街道分会通过对志愿者开展"技能培训"提高其服务水平，扶持联勤部老年大学开展教学，配合街道开设了"巧娘工作室"，举办的拔河比赛、"健康十里行"登山活动、社区文体特色、科普活动展示等多种类型的市民教育活动均取得了实效。

（五）宣扬传统文化，建设多元化的志愿者团体

文化的传承和发扬不是一个社区学院或者一个人就可以完成的，需要在终身教育理念的引领下，广大居民纷纷参与进来，形成良好的文化氛围，并根据特定的地域，依托不同的传承形式，构建良好、可持续的传承机制。广宁街道分会成立了 42 个社团组织，先后创建了具有特色的戏曲队、艺枫模特队、艺枫舞蹈队、太平鼓队、腰鼓队，在创新改革和发展的过程中，积极推动了该地区特色教育活动的有效开展。老山街道分会紧紧围绕建设学习型老山街道，挖掘本区域内的学习型社团，培育出金色夕阳英语俱乐部、老山"红蜡烛"小组、老山街道老年大学等具有影响力的民间社团。

三、五大教育板块

（一）深耕社区是志愿者队伍不变的信仰

无论是 2004—2010 年的"八大工程进社区"活动，还是如今"一街一品"课程的打造，志愿者队伍矢志不渝，深耕社区，走进居民。在扩大规模的同时，石景山社区学院还吸纳了一大批专业教师志愿者、骨干教师志愿者，让志愿者的种子在石景山区奋力发芽。志愿者协会按照"就近分配、发挥特长、志愿服务"的原则，精心

设计，认真组织，开展了丰富多彩的教育培训活动。志愿者协会每年通过举办全民终身学习周、市民讲外语活动周等大型教育活动，以及"书香家庭评选""摄影大赛""厨艺大赛"等特色活动，为社团及学习者搭建学习成果展示交流平台。更重要的是，这些教育培训活动极大地提升了社区居民的整体素质和生活质量，加快了建设学习型社区的步伐，夯实了和谐社区的基础，为建设全民学习、终身学习的学习型社会发挥了积极作用。其中，古城街道英语学习班的英语老师陈长松运用自己的英语特长，结合居民的特点，开展了不同形式的英语学习活动，除听说读写的活动之外，还有短剧排演。这些活动提升了居民的学习兴趣，取得了很好的成果。

（二）丰富的体验活动为志愿者队伍注入了新鲜的血液

2014 年，石景山社区学院整合教育资源，在 5 家单位首批挂牌成立石景山区市民终身学习基地（体验中心），志愿者协会秘书处（社区学院社区教育处）作为体验中心管理办公室，石景山社区学院将公益性的体验式学习引入社区教育志愿服务。石景山社区学院每年组织"一月一主题"体验学习活动，面向市民、社团骨干、社区教育专干等多群体，开展茶艺、古琴、陶艺、电子钢琴、西点烘焙等 10 项体验，体验内容贴近百姓、贴近生活。石景山区市民终身学习基地（体验中心）秉承终身教育的理念，形成了多样化的体验方式，所有的体验活动老少皆宜，专职志愿者教师会提供多种类型的体验任务。体验活动具有趣味性、多样性、灵活性，旨在为居民普及知识、陶冶情操。体验课程分为不同的等级，全民性质的初级课程重在普及课程的基本知识，涉及基本技能的学习；若是深入学习，则需要更深层次的课程，根据不同居民的需求，遵循灵活的、自愿报名学习的原则，开设高品质课程，打造优质教育。

（三）打造"一街一品"，志愿者义不容辞

石景山社区学院指导协会开展社区教育的理论研究，完成了北京市教育科学研究院职业教育与成人教育研究所批准立项的《石景山区老年教育现状调研》等 3 个市级课题，并根据市民学习内容的实际需要，利用社区教育志愿者的资源优势，先后组织志愿者开发编写了"老年教育""市民家庭生活教育""市民英语教育""一街一品" 4 个系列 22 本市民教育教材，同时录制了 45 节微课，形成了 9 门"一街一品"社区教育特色课程。"一街一品"社区教育特色课程项目组情况如表 4-1 所示。

表 4-1 "一街一品"社区教育特色课程项目组情况

申报单位	品牌名称	课程名称	主创志愿者	编写指导教师
鲁谷社区	七星文化茶座	传统文化	韩春鸣	李慧茹
苹果园街道	"金色时光"摄影沙龙	摄影技巧	赵树成	李 冰
广宁街道	新立戏曲队	戏曲鉴赏	宋 琳	李 毅
古城街道	心理健康辅导站	心理疏导	顾 克 赵丽丽 仇光霞	—
五里坨街道	纸艺学堂	花团锦簇	邓淑萍	张俊荣
八宝山街道	黄楼书画社	欧楷书法	路 新	张晨辉
八角街道	低碳教育进社区	低碳妙招	牛淑珍	—
老山街道	老山街道老年大学	学习楹联	李士清	傅伟如
金顶街街道	剪纸工作室	剪纸艺术	张学敏	吴 琳

"一街一品"社区教育特色课程由专职教师团队、志愿者团队和居委会共同打造，围绕"一个主题，出一本教材，整一套课，录一套微课"逐步有序地开展。例如，怀揣环保梦的牛淑珍是八角街道分会的志愿者，自 2000 年退休以来，她始终坚持义务为社区居民

讲环保课；开展"低碳生活进社区、进家庭、搞好家庭环保审计活动"；为青少年举办暑假环保夏令营、寒假环保冬令营；组织环保知识竞赛、环保演讲；编写出版了《低碳小妙招》，以多种形式宣传普及环保知识。

（四）有序推进以志愿者为主力的学习型社团建设

2009 年，志愿者协会开始将培育学习型社团工作列入重点工作。在志愿者协会发展的 13 年中，各分会的学习型社团茁壮成长，在推进社区环境建设、居民素养提升、和谐氛围营造等方面发挥了不可或缺的作用。2017 年，志愿者协会从培育的学习型社团中挖掘出"天翠阳光京剧社"等 17 个优秀的学习型社团，初步实现了市民学习活动的"自我管理、自我教育、自我服务"。例如，古城街道分会的"社区教育中心英语培训班"组织英语大课堂、英语知识竞赛、英语演讲、英语角等活动近百次，培训学习者达 50 000 人次，受到了社区居民的好评，是古城街道社区教育中心的品牌项目。八角街道分会的"柔力球队"建于 2011 年年底，是地铁家园社区居民宋速生、马素琴夫妇二人创办的。这对夫妇酷爱"太极柔力球"运动，并取得了国家一级社会体育指导员资格证书，曾在房山区燕山体育馆授课，并为当地多个社区居委会组建"柔力球队"，受益人群达 500 多人。八角街道分会的"老年书画会"成立于 2003 年，由最初的 6 个人发展到现在的 50 多人，其中年龄最大的已经 88 岁。"金色时光"摄影沙龙是苹果园街道苹三社区于 2011 年 2 月成立的，从最初的 40 多名会员发展到现在拥有 160 多名会员的摄影创作队伍，会员们配备了专业数码单反相机和相当多的镜头，这支队伍拥有中国老摄影家协会会员 32 名、北京摄影爱好者协会会员 27 名。

（五）文化传承是构建终身教育体系的载体之一

提高文化软实力、构建文化圈成为终身学习不可或缺、不断探索的内容。志愿者协会本着"服务人民，传承文化"的原则，设计和开展了一系列有关文化传承的活动、讲座及课程。比如，八角街道分会建钢南里社区"紫薇"评剧团共有 20 人，其中演员 5 人、乐队成员 15 人，平均年龄为 60 岁，最大的年近 80 岁。随着"紫薇"评剧团的演出场次逐渐增多、知名度迅速上升，石景山区文化馆与街道卫生和计划生育委员会办公室以及区内的文化、教育、科技等部门均邀请他们演出。五里坨街道分会的"天翠阳光京剧社"坚持开展活动，每逢重大节日，都为社区居民举办演唱会，曾经演出京戏彩唱传统剧目《大保国》《二进宫》《姚期》《铡美案》《窦娥冤》《红娘》等，以及现代京剧《沙家浜》《红灯记》《白毛女》《智取威虎山》《绣红旗》等。

四、总结

志愿者协会是石景山社区学院的特色品牌，也是特别的依托，在层级式管理、品牌项目打造、志愿者种子培育、课程建设及推广、体验活动的丰富等方面，志愿者扎根社区，他们的身影无处不在，建设一个服务于民的社区是志愿者个人和志愿者团体都秉持的教育理念，而且志愿者都致力于做得更好。相信在新的教育形态和政策的引领下，石景山区将继续建立健全学习型社团的管理体系，发挥其优势和作用，为构建终身教育体系添砖加瓦。

国子监大讲堂

一、项目背景

"国子监大讲堂"创建于 2007 年，是为贯彻落实北京市委、市政府《关于大力推进首都学习型城市建设的决定》而开设的群众性学习讲堂，由北京大学和东城区委、区政府主办，北京大学首都发展研究院和东城区教育委员会联合承办。"国子监大讲堂"依托北京大学和北京其他高校、科研院所丰富的国学师资与国子监、孔庙悠久的国学底蕴，面向社区居民，开展国学和中国传统文化知识讲座，旨在弘扬中华优秀传统文化，构建民族的、大众的、权威的国学文化学习平台，提高市民的文化涵养和文明素质。

二、项目设计与实施

（一）师资力量

"国子监大讲堂"坚持大众性、普及性、公益性、继承与创新、分层次与多样化的原则，以国学精髓为主要讲座内容，邀请北京大学和北京其他高校、科研院所在国学方面见长的专家学者授课。

（二）课程实施

2007 年"国子监大讲堂"在东城区与北京大学的合作中启动，由东城社区学院组织听众、北京大学提供师资，固定讲堂设置在东城社区学院。"国子监大讲堂"每两周举办一期讲座，讲座内容提前一周在《今日东城》、东城教育网、东城学网上刊登，市民可以根据需求以网上报名的方式参加讲座。每期讲座开讲时举办者为参加的市民免费发放课程笔记本，笔记本附有全年的授课计划及具体时间安排，方便市民参加讲座。每次参加讲座的市民都会收到课程的讲义或者教材，不仅激励了市民来听课，而且便于市民在课后继续学习和研读。

2008年下半年，东城区建立了市民终身学习数字化档案库，将市民的听课情况以学分的形式记录在市民终身学习档案中，为下一步市民学习成果认定做好前期准备。凡参加"国子监大讲堂"的市民，每参加一次讲座获得3学分。

2013年，东城区增设了流动大讲堂。流动大讲堂秉承"国子监大讲堂"的公益性、继承性、分层次原则，进一步开发和利用"国子监大讲堂"的品牌效应，以市民需求为出发点，以传播国学和传统优秀文化为目标，选取"国子监大讲堂"课程内容，每年推出8～10门精品课程，采取送课上门的形式，在各街道、社区中开展，使市民在家门口就能享受到优质的学习服务。

2016年，东城区举办了"国子监大讲堂走进北京大学"学习体验活动，此后还不定期举办相关的学习体验活动，既有课堂上的学习，又有身临其境的参观体验，极大地丰富了"国子监大讲堂"的内容。

2015年至今，为了满足市民处处能学、时时可学的需求，东城社区学院充分利用信息技术手段，相继开发了"东城学网"网站版、移动端和大讲堂微信公众号。依托现代化教育手段，市民既可以亲临现场学习，也可以通过计算机、手机进行远程学习，面授教学与在线学习相结合，学习更加便利。

（三）课程体系

"国子监大讲堂"构建了从国学经典到传统文化再到西方经典文

化的课程体系框架。课程内容涵盖文学、历史、哲学、艺术等领域，内容涉及"论语""孟子""大学""道家基本精神与现代意义""孙子兵法与现代管理""楚辞""宋明理学"等。同时，优秀讲义集结出版的《诸子源流》《文苑英华》等市民普及读本成为深受学习者和社会欢迎的经典国学读物。

（四）授课对象

"国子监大讲堂"面向广大市民，学习者中既有七八十岁的老人，也有十几岁的青少年；既有退休居民，也有在职的干部、职工。根据不同人群和需求确定课程内容，使"国子监大讲堂"的学习内容更有针对性。东城区还推出了北京文化类、历史类通俗教育读物，供市民了解和学习中国传统文化。如 2019 年 11 月 13 日，在东城区第十五届全民终身学习活动周，北京大学国子监大讲堂市民读本新书《京华往事—— 一个地理历史的视角》发布。

三、项目效果与评价

"国子监大讲堂"在举办之初主要针对东城区居民，后来越来越多的居民慕名来听，最后"国子监大讲堂"面向全市开展。"国子监大讲堂"从最初的固定课堂到"固定课堂＋流动课堂＋空中课堂＋体验式学习"多种模式混合，已成为市民家门口的国学精品课堂。开办 10 多年来，"国子监大讲堂"坚守"秉德从道、讲信修睦、敦厚包容、善建天下"的执着追求。截至 2021 年 5 月，"国子监大讲堂"已累计举办固定讲座 216 期，市民反响强烈，吸引了上万人次到现场聆听讲座，数十万人次通过网络收看相关视频。

"国子监大讲堂"走出了一条多方合作、资源融通、需求对接、生动活泼的市民教育特色之路。"国子监大讲堂"先后获得了"首都市民学习品牌""全民终身学习活动品牌"等殊荣,品牌的影响力和辐射力不断扩大。

"国子监大讲堂"能够坚守10余年,归功于以下5个因素:一是选择了中华优秀传统文化这样一个方向;二是一大批优秀教师乐于将自己的研究成果分享给市民;三是有一批忠实的、可爱可敬的听众,教师获得的最大成就感是与更多的人分享自己的知识;四是有一批优秀的组织者、协调者、管理者;五是紧跟社会发展的潮流,充分利用信息技术搭建移动学习平台,方便市民学习,使知识分享更加方便。

四、未来发展

未来"国子监大讲堂"将依托北京高校和科研院所丰富的智力资源,不断壮大师资库,丰富专业门类和特色;在坚持既定课程体系的基础上,进一步满足市民个性化的文化需求,推动课程建设走向精细化。

"四时五行话养生"健康大讲堂

"四时五行话养生"健康大讲堂(以下简称"健康大讲堂")是北京市东城社区学院为推动市民终身教育、构建终身学习服务体系而设立的一项学习活动,曾多次被评为"东城区优秀市民学习品牌",在2013年北京市全民学习活动周期间被评为"首都市民学习品牌"。

一、项目背景

本着满足居民实际需求的原则，北京市东城社区工作者深入街道和居委会进行调研，发现社区居民都特别喜欢中医养生，于是其以养生为主要内容举办了一系列讲座活动，以传承中国的传统文化。健康大讲堂由东城社区学院和北京地区著名中医院合作举办，在2008年10月国庆节期间开始了第一讲，一直延续到现在。健康大讲堂主要是为社区居民提供更多、更好的学习资源和学习机会，帮助社区居民掌握卫生保健知识，树立健康理念，降低慢性病的患病率，提高社区居民的个人自我保健能力，明确个人对社会及健康应负的责任，不断提高社区居民的生活质量。

二、项目设计与实施

健康大讲堂是一个公益性的项目，面向全体市民，聘请北京市知名中医专家免费为市民讲解中医养生保健常识，其中部分中医专家有在广播电视台做讲座的丰富经验，而且医学专业知识扎实。

截至2021年9月，健康大讲堂共举办了124讲，不仅受到了东城区广大居民的欢迎与好评，更有其他区的居民积极参与学习活动，这使得健康大讲堂的品牌知名度不断提升。其中健康大讲堂为市民讲授了"认识身体，促进健康""均衡营养，健康生活""经络保健""四季养生原则与'节气'养生的方法""中医体质辨识与养生""五脏养生""中医食疗养生""心理舒适与矛盾调解""黄帝内经系列解读""十大常见病的中医养生"等知识，而且每类知识都是成系列的课程。讲座从一开始的每月1次到现在的每月3次，同时，健康大讲堂在之前美术馆校区、潘家坡校区举办的基础上，于2015

年 9 月在鼓楼校区正式启动。鼓楼校区健康大讲堂的成功启动充分发挥了鼓楼校区的地域和资源优势，成功辐射和带动了周边社区教育的蓬勃开展。此后，美术馆校区、潘家坡校区、鼓楼校区健康大讲堂的讲座都全部按照授课计划如期开讲。图 4-2 显示了居民在认真听健康大讲堂讲座。

图 4-2　居民在认真听健康大讲堂讲座

　　对于 3 个校区每学年的授课计划，东城社区学院都是在了解居民学习需求的基础上，与授课专家团队积极沟通，于上学期期末确定授课主题，并于新年第一期讲座开讲时为居民免费发放听课指南，如《2017 年听课指南》，其中会将 3 个校区全年的授课计划及具体时间安排向社会公布，方便居民参加讲座。同时，居民每次来听课，东城社区学院都会为其盖戳并赠送小纪念品。

　　讲座的全程视频录像也会被上传至"东城学网"上免费播放，没有时间到现场听讲座的市民可以直接登录"东城学网"的《视频课堂》栏目在线学习健康知识。为了满足居民处处能学、时时可学的需求，"东城学网"手机版已经上线，市民可以通过扫描二维码，体验使用移动端参与健康大讲堂学习的快乐，同时也可以享受图 4-3 中显示的更多精彩课程。

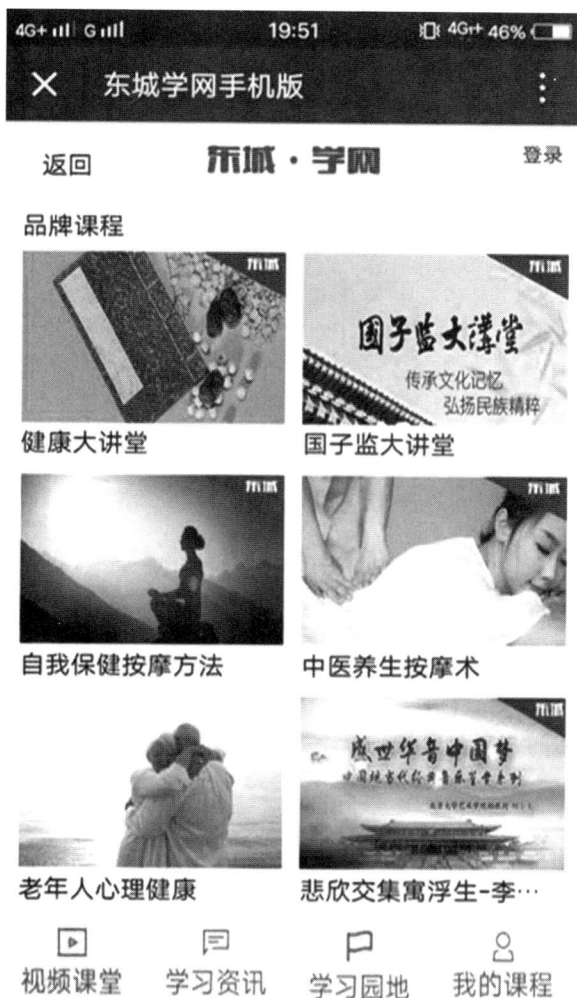

图 4-3 "东城学网"手机版

健康大讲堂开办至今，一直得到广大市民的大力支持。为鼓励市民的学习热情，提高品牌知名度，东城社区学院从 2011 年起至今，每年开展评选"学习之星"活动，对在学习过程中表现突出的市民予以表彰。通过这种激励制度，东城社区学院鼓励更多的市民继续参与终身学习，帮助市民提升自身素质、提高生活品质。图 4-4 展示了 2015 年东城区开展的"学习之星"表彰会。在表彰

会上，东城区对在 2015 年度健康大讲堂学习中表现优秀的 30 名
"学习之星"和 22 名"热心听众"进行了表彰。东城社区学院的教
师对 2015 年度健康大讲堂工作进行了总结汇报。最后，北京市教委
领导向获得表彰的市民表示了祝贺，并对东城社区学院在学习品牌
建设方面卓有成效的工作给予了高度评价。

图 4-4　2015 年东城区开展的"学习之星"表彰会

三、项目效果与评价

（一）项目以居民需求为导向，市民的满意度高

因为健康大讲堂是依据居民需求来建设的项目，所以自举办以
来，它受到居民的一致好评。2015 年健康大讲堂"学习之星"代
表——朝阳门街道 80 岁高龄的李宝林先生就分享了几年来他坚持听
健康大讲堂讲座的学习感受，对东城社区学院领导的重视、授课教
师的严谨和社区教师细致入微的服务表示了感谢。他说："健康大讲

堂的系列学习，既让我开阔了视野、陶冶了情操，还使我形成了良好的生活习惯，改掉了不良嗜好，戒烟、限酒，定时、定量用餐，坚持早晚各一次有氧运动，而且每次不少于 50 分钟。"

（二）课程设计科学、规范，实施与服务面面俱到

健康大讲堂在教学规划、课程大纲的制定，教材的编写以及课程的设计方面都严格按照课程开设的科学步骤来进行，同时，在项目实施过程中为学习者精心设计了听课指南，有助于市民更好地学习。此外，健康大讲堂还制定了奖励机制，以积分的形式评选"学习之星"。社区办事处也一直积极为市民的终身学习提供热情、周到的服务，做好主讲教师与市民之间沟通的桥梁，利用讲义、教材、网络平台、移动学习平台等媒介向市民全方位推送、共享讲座内容与核心知识点，在为市民提供学习服务的过程中，不断完善品牌管理机制，提高服务质量。

（三）采取面授与在线学习相结合的学习方式，让更多的人受益

东城区在建设健康大讲堂这个项目时，还在积极探索更好的传播方式，从而让更多的市民能够学习和参加这个项目，加强健康理念，提高自我保健能力。随着信息技术和移动互联网的发展，在线学习成为一种新的学习方式，移动端的学习更是让人能够不受时间、地点的限制，实现"人人皆学、处处能学、时时可学"。东城区紧跟时代的脚步，将线下的品牌项目——健康大讲堂录成微课，并由多媒体制作人员编辑后发布到网上，供那些没有到场或者想要多听几次的市民学习，同时实现了网页和移动端同步更新。为了让市民更便利地进行移动学习，东城社区学院把移动端 App 变成微信公众号，这更加符合现在人们的使用习惯。

附　　录

附录 1　北京市民终身学习现状和需求的问卷

北京市民终身学习现状和需求的问卷调查

问卷说明：

本问卷旨在了解北京市民终身学习现状和需求，为本市终身教育事业发展、学习型社会建设提供依据，以更好地为市民服务。

为了保证调查的可靠性，每个问题都需要您填写，不可空缺，如果有些问题不符合您的情况，请选"不合适"。您提供的所有信息仅用于本项研究，不做其他用途，我们会为您严格保密，请放心真实地回答。

请您仔细阅读题目，独立判断这些题目与您的实际情况的符合程度，按照每个题目的要求，完成本问卷大约需要 20 分钟，感谢您的参与和支持。

第一部分　个人基本信息

1．所在区：□东城区　□西城区　□朝阳区　□丰台区　□石景山区　□海淀区　□房山区　□通州区　□顺义区　□昌平区　□大兴区　□门头沟区　□怀柔区　□平谷区　□密云区　□延庆区

2．您现在生活在：□城区　□城乡接合部　□乡镇　□农村

3．性　　别：□男　□女

4．出生年月：_____年_____月

5．民　　族：□汉族　□少数民族

6．婚姻状况：□未婚　□已婚无子　□已婚有子　□离异/分居　□丧偶

7．居住方式：□单独居住　□和子女或配偶居住　□和父母居住　□入住养老院

8．文化程度：□小学及以下　□初中　□高中　□中专/中职　□大专/高职　□本科　□硕士　□博士

9．职业状态：□全职　□兼职　□退休/退休后兼职　□待业　□从未工作/家庭主妇　□其他

10．您现在/最后就职的工作单位：□企业　□党政机关　□事业单位　□其他

11．您现在/曾经的职业种类（工作经历较丰富的人士可多选）：□政府机关党群组织负责人或中高层官员　□企事业单位管理人员　□各类专业技术人员　□政府机关、企事业单位普通职工　□技术工人　□非技术工人　□农民/牧民/渔民　□自由职业/个体从业者　□商业和服务业人员　□不便分类的其他劳动者

12. 参加工作年份：_____年   退休年份：_____年
（在职人士无须填写）

13. 2016 年个人年总收入（元）：□ 3 万以下   □ 3 万 ~ 6 万
□ 6 万 ~ 9 万   □ 9 万 ~ 12 万   □ 12 万及以上

14. 健康状况：□极佳   □良好   □一般   □欠佳   □很差

15. 您平均每周学习的时间（小时）：□ 0   □ 0 ~ 2   □ 2 ~ 4
□ 4 ~ 6   □ 6 ~ 8   □ 8 ~ 10   □ 10 以上

16. 您每年的学习费用（元）：□ 500 以下   □ 500 ~ 1 000
□ 1 001 ~ 1 500   □ 1 501 ~ 2 000   □ 2 000 及以上

17. 您的居住地或工作场所附近有图书馆、老年大学、社区学习中心等公共学习环境吗？ □有   □无

18. 在过去一年，您是否参与任何形式的学习活动？ □是   □否

如果您的答案是"是"，请在参加的"兴趣班"或"培训课程"类型前的"□"内打"√"。

兴趣班	培训课程
□₁ 英文班	□₁₈ 商业
□₂ 普通话班	□₁₉ 历史
□₃ 计算机班	□₂₀ 文学
□₄ 健体运动班	□₂₁ 政治
□₅ 唱歌班	□₂₂ 教育
□₆ 培训班	□₂₃ 宗教
□₇ 就业指导	□₂₄ 社会科学
□₈ 创业培训	□₂₅ 心理学
□₉ 义工训练班	□₂₆ 自然科学
□₁₀ 健康常识班	其他：

兴趣班	培训课程
□₁₁ 老人常见疾病及预防	其他：
□₁₂ 人际关系	其他：
□₁₃ 舞蹈班	
□₁₄ 手工艺班	
□₁₅ 烹饪	
□₁₆ 插花	
□₁₇ 绘画	
其他：_____	

19．您有在线学习的经历吗？□有　□无

如果您的答案是"有"，请在每个题项的 6 个选项中选择最符合您的实际情况的一项打"√"；如果您的答案是"无"，请直接跳到 21 题作答。

在线学习的体验	非常同意	同意	中立	不同意	非常不同意	不合适
¹ 通过微信学习方便	5	4	3	2	1	0
² 通过计算机学习方便	5	4	3	2	1	0
³ 网站提供了充足的学习资源	5	4	3	2	1	0
⁴ 手机学习软件有充足的学习资源供我学习	5	4	3	2	1	0
⁵ 终身学习相关网站更新资源速度慢	5	4	3	2	1	0
⁶ 我喜欢面授教学	5	4	3	2	1	0
⁷ 我喜欢在线学习	5	4	3	2	1	0
⁸ 我喜欢面授教学和在线学习相结合的方式	5	4	3	2	1	0

第二部分 问卷题目

20. 请您认真阅读下列每个陈述，并从 6 个选项中选择最符合您的实际情况的一项，答案没有对错之分。请在您认同的答案上打"√"。

注：不合适——不符合您的情况。

根据以下陈述，选择符合您的想法的答案	非常同意	同意	中立	不同意	非常不同意	不合适
[1] 终身学习是从出生到老年不断学习的过程	5	4	3	2	1	0
[2] 活到老、学到老	5	4	3	2	1	0
[3] 学习能推动个人发展	5	4	3	2	1	0
[4] 学习有助于家庭和睦	5	4	3	2	1	0
[5] 学习有助于身体健康	5	4	3	2	1	0
[6] 要积极参与社区或街道组织的学习活动	5	4	3	2	1	0
[7] 要积极学习相关课程	5	4	3	2	1	0
[8] 终身学习的课程与活动信息都是我自己收集的	5	4	3	2	1	0
[9] 有意识地给自己安排学习任务，主动学习新知识	5	4	3	2	1	0
[10] 喜欢探究新事物	5	4	3	2	1	0
[11] 能够将所学知识运用到实践和生活中	5	4	3	2	1	0

我参加或准备参加学习活动的原因	非常一致	一致	中立	不一致	完全不一致	不合适
¹² 应付现在的工作要求	5	4	3	2	1	0
¹³ 为转工 / 转行做准备	5	4	3	2	1	0
¹⁴ 是个人的兴趣爱好	5	4	3	2	1	0
¹⁵ 发掘学习的乐趣	5	4	3	2	1	0
¹⁶ 认识新朋友、扩大社交圈子	5	4	3	2	1	0
¹⁷ 闲暇生活过得更充实	5	4	3	2	1	0
¹⁸ 不被社会淘汰	5	4	3	2	1	0
¹⁹ 大脑保持灵活	5	4	3	2	1	0
²⁰ 争取再次受教育的机会	5	4	3	2	1	0
²¹ 挑战自己	5	4	3	2	1	0
²² 为服务别人做准备（如做义工）	5	4	3	2	1	0
²³ 得到家人的鼓励	5	4	3	2	1	0
²⁴ 得到朋友的鼓励	5	4	3	2	1	0
其他：						

您使用以下技术的熟练程度	非常熟练	熟练	一般	不熟练	非常不熟练	不合适
²⁵ 使用计算机	5	4	3	2	1	0
²⁶ 上网搜索资料	5	4	3	2	1	0
²⁷ 使用智能手机	5	4	3	2	1	0
²⁸ 使用平板电脑	5	4	3	2	1	0
²⁹ 使用微信公众号、微信、微博、QQ	5	4	3	2	1	0

我喜欢的教和学方法	非常喜欢	喜欢	一般	不喜欢	很不喜欢	不合适
30 独立学习	5	4	3	2	1	0
31 小组学习	5	4	3	2	1	0
32 班级教学	5	4	3	2	1	0
33 在线学习	5	4	3	2	1	0
34 面授教学与在线学习相结合	5	4	3	2	1	0

我参加学习的场所	非常一致	一致	一般	不一致	非常不一致	不合适
35 自己家里	5	4	3	2	1	0
36 图书馆、博物馆、科技馆等公共场所	5	4	3	2	1	0
37 培训中心	5	4	3	2	1	0
38 社区学习中心、社区公共活动场所	5	4	3	2	1	0
39 大学或专业学院	5	4	3	2	1	0
40 网络环境	5	4	3	2	1	0

通过参加学习活动，我提高了	显著提高	提高	一般	没有提高	非常没提高	不合适
41 对终身学习的理解	5	4	3	2	1	0
42 对知识的渴望	5	4	3	2	1	0
43 各项专业技能（计算机、英语、书法等）	5	4	3	2	1	0
44 自主学习的能力	5	4	3	2	1	0
45 合作学习的能力	5	4	3	2	1	0
46 利用网络收集信息的能力	5	4	3	2	1	0
47 分析与评价信息的能力	5	4	3	2	1	0
48 表达能力	5	4	3	2	1	0
49 随机应变的能力	5	4	3	2	1	0
50 独立思考和解决问题的能力	5	4	3	2	1	0

我通过学习后的收获	非常一致	一致	一般	不一致	非常不一致	不合适
51 能够主动地对所学习的内容进行预习、复习	5	4	3	2	1	0
52 积极主动地完成各类课程布置的作业任务	5	4	3	2	1	0
53 开阔了知识视野	5	4	3	2	1	0
54 结识了同行业的朋友	5	4	3	2	1	0
55 结识了不同领域的朋友	5	4	3	2	1	0
56 感到生活更加丰富多彩	5	4	3	2	1	0
57 坚持不懈、更加专注	5	4	3	2	1	0
58 更加有主见	5	4	3	2	1	0

我对参加的学习活动的满意度	非常满意	满意	一般	不满意	非常不满意	不合适
59 学习效果	5	4	3	2	1	0
60 学习内容	5	4	3	2	1	0
61 开展活动或培训的时间	5	4	3	2	1	0
62 学习费用	5	4	3	2	1	0
63 学习形式	5	4	3	2	1	0
64 学习结果	5	4	3	2	1	0
65 机构、资源、活动建设	5	4	3	2	1	0
66 群体参与度	5	4	3	2	1	0

我期望社区或本市提供以下类型的学习活动和环境	非常期望	期望	中立	不期望	完全不期望	不合适
67 育儿教育类	5	4	3	2	1	0
68 家庭生活类	5	4	3	2	1	0
69 学位、文凭、证书类课程	5	4	3	2	1	0
70 语言辅导班	5	4	3	2	1	0

我期望社区或本市提供以下类型的学习活动和环境	非常期望	期望	中立	不期望	完全不期望	不合适
71 就业指导、创业培训活动	5	4	3	2	1	0
72 晚上学习	5	4	3	2	1	0
73 周末学习	5	4	3	2	1	0
74 免费的学习培训活动	5	4	3	2	1	0
75 社区组织的集中教育学习方式	5	4	3	2	1	0
76 专业的培训机构	5	4	3	2	1	0
77 多样化的学习方式，如网络学习、在职培训	5	4	3	2	1	0
78 有针对性的学习网站	5	4	3	2	1	0
79 颁布终身学习法等一些法律法规	5	4	3	2	1	0

我参加学习活动的困难	非常一致	一致	一般	不一致	非常不一致	不合适
80 缺乏实用性内容的课程	5	4	3	2	1	0
81 对现有课程不感兴趣	5	4	3	2	1	0
82 缺乏社区的学习氛围	5	4	3	2	1	0
83 学费太贵	5	4	3	2	1	0
84 缺乏时间和精力	5	4	3	2	1	0
85 网上学习方式太复杂	5	4	3	2	1	0
86 学习地点离家太远	5	4	3	2	1	0
87 学习场所环境太差	5	4	3	2	1	0
88 个人身体不佳	5	4	3	2	1	0

21．您还有什么学习需求？请填写在下面。

22. 请您对目前北京市民终身教育提出宝贵的意见与建议。谢谢！

附录 2　信度分析和效度分析

一、一测信度和效度分析

（一）缺失值处理

上网查找缺失值处理方法，本问卷利用"均值替换法"对缺失值进行替换。先进行"缺失值分析"，再利用其他个案中该变量观测值的平均数对缺失的数据进行替换。（已将源文件中的缺失值替换完毕）

所借鉴的相关网址如下：

http：//jingyan.baidu.com/article/00a07f38543d2782d028dc25.html。

（二）信度分析步骤

在通常情况下，信度分析使用 α 系数表示量表的信度质量，即测量样本真实回答的程度。正式问卷的信度分析只需要关注 α 系数，在通常情况下，此值大于 0.7 即可，有时可以将标准放宽至 0.6。本问卷信度分析的具体操作分为以下两步：

（1）选择"分析"→"度量"→"可靠性分析"，如附图 1 所示。

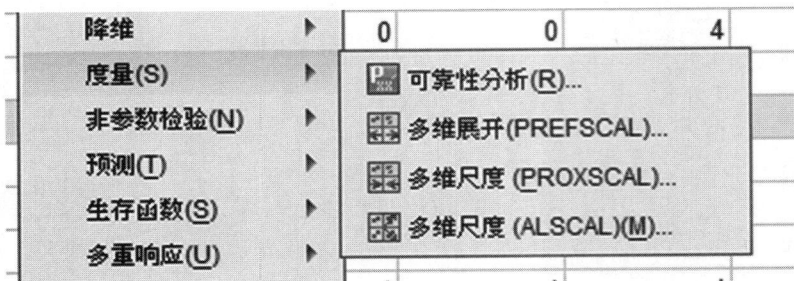

附图1 可靠性分析

（2）在打开的"可靠性分析"对话框中，将分析变量对应的题项放入列表框。这里，我们将第二部分量表式的88道题项放入列表框，如附图2所示。设置"统计量"，单击"统计量"按钮，在打开的"可靠性分析：统计量"对话框中，勾选"如果项已删除则进行度量"复选框，如附图3所示；设置模型为"α"。设置完成后，单击"确定"按钮。

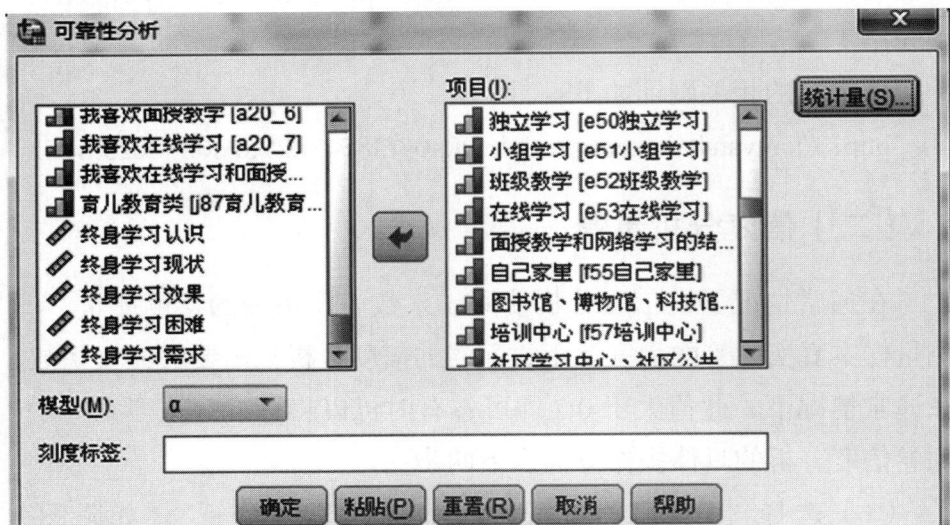

附图2 "可靠性分析"对话框

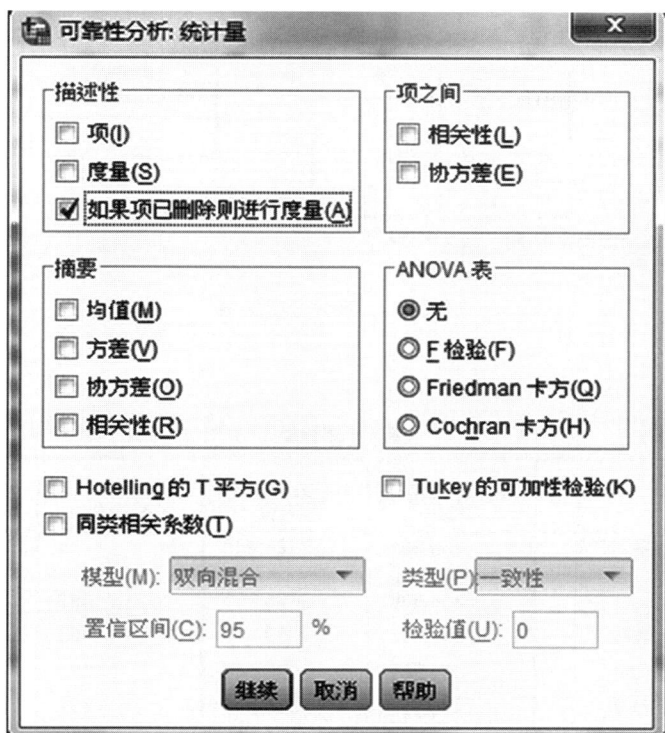

附图 3　设置统计量

（三）信度分析结果、产生原因及解决办法

　　针对信度分析结果，SPSS 软件会默认输出 α 系数。如果勾选"如果项已删除则进行度量"复选框，就会单独输出"项总计统计量"的表格。此表格包括"校正的项总计相关性"（CITC）值，以及"项已删除的 α 系数"，我们可以结合这两项指标进行初测判断。如果某题项对应的 CITC 值小于 0.4，或者"项已删除的 α 系数"大于整体 α 系数，那么我们应该考虑对该题项进行修正或者删除处理。本问卷输出的信度分析结果分别如附图 4 和附图 5 所示。

案例处理汇总

		N	%
案例	有效	52	100.0
	已排除 a	0	.0
	总计	52	100.0

a. 在此程序中基于所有变量的列表方式删除。

可靠性统计量

Cronbach's Alpha	项数
.979	88

附图 4　α 系数分析结果

项总计统计量

	项已删除的刻度均值	项已删除的刻度方差	校正的项总计相关性	项已删除的 Cronbach's Alpha 值
终身学习是从出生到老年不断学习的过程	295.951	2286.467	.735	.979
活到老、学到老	295.836	2325.893	.588	.979
学习能推动个人发展	295.798	2330.859	.469	.979
学习有助于家庭和睦	295.855	2320.546	.683	.979
学习有助于身体健康	295.913	2326.088	.531	.979
要积极参与社区或街道组织的学习活动	295.817	2329.788	.467	.979
要积极学习相关课程	296.028	2287.919	.727	.979
终身学习的课程与活动信息都是我自己收集的	295.913	2305.207	.804	.979
有意识地给自己安排学习任务、主动学习新知识	295.855	2326.507	.543	.979
喜欢探究新事物	295.855	2326.507	.543	.979
能够将所学知识运用到实践和生活中	295.855	2334.546	.397	.979
应付现在的工作要求	297.586	2272.118	.621	.979
为转工转行做准备	297.855	2281.605	.626	.979
个人兴趣爱好	296.028	2332.625	.256	.979
发掘学习的乐趣	295.990	2332.469	.366	.979
认识新朋友、扩大社交圈子	295.932	2327.425	.444	.979
闲暇生活过得更充实	296.009	2340.018	.217	.979
不被社会淘汰	295.932	2333.896	.375	.979
大脑保持灵活	295.932	2334.366	.364	.979

附图 5　项总计统计量分析结果

信度分析的结果显示，整体 α 系数为 0.979。若将样本量增加到 400，则 α 系数为 0.980。北京理工大学吴晓兵老师认为，初测样本量（数据分布）较集中，导致 α 系数较大。如果终测样本量（数据分布）分散开来，则 α 系数将减小。

（四）效度分析步骤

效度分析是分析量表题项设计是否合理。在绝大多数情况下，问卷研究会使用探索性因子分析进行结构效度分析，将 SPSS 软件生成的结果与专业预期进行对比。如果 SPSS 软件生成的结果与专业预期基本一致，则说明效度较好。

探索性因子分析在功能上共分为三类：第一类为探索因子；第二类为效度验证；第三类为权重计算。使用这三类功能时，在 SPSS 软件中的具体操作会有所不同。本问卷效度分析的具体操作分为三步。

（1）选择"分析"→"降维"→"因子分析"，如附图 6 所示。

附图 6　"因子分析"选项

（2）在打开的"因子分析"对话框中，将分析变量放入列表框，如附图7所示。

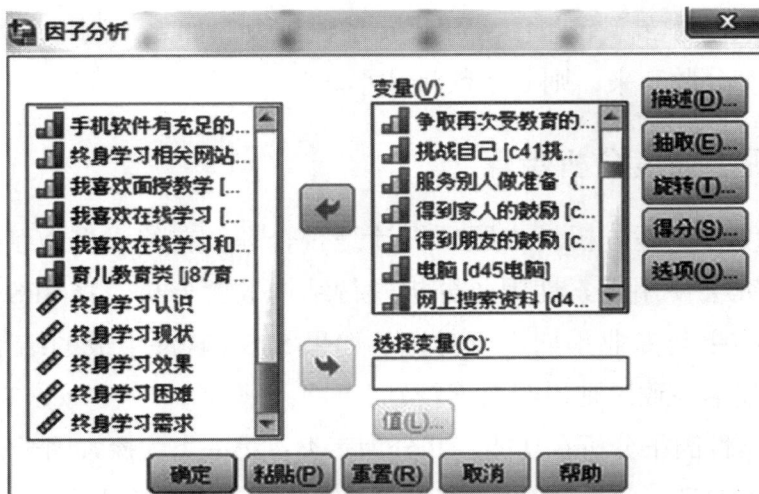

附图 7 "因子分析"对话框

（3）设置相关选项（"描述""抽取""旋转""选项"），然后单击"确定"按钮。设置"描述""抽取""旋转"时相应的对话框分别如附图8~附图10所示。

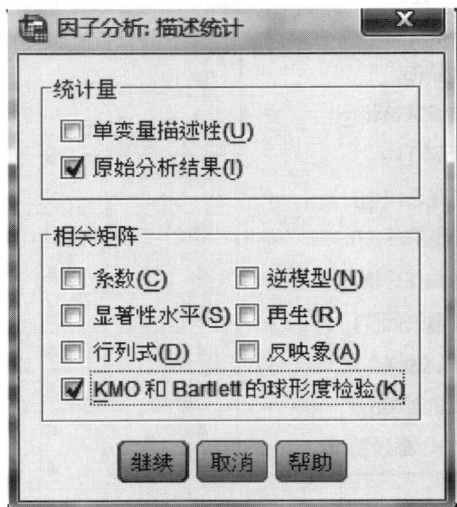

附图 8 设置描述统计量

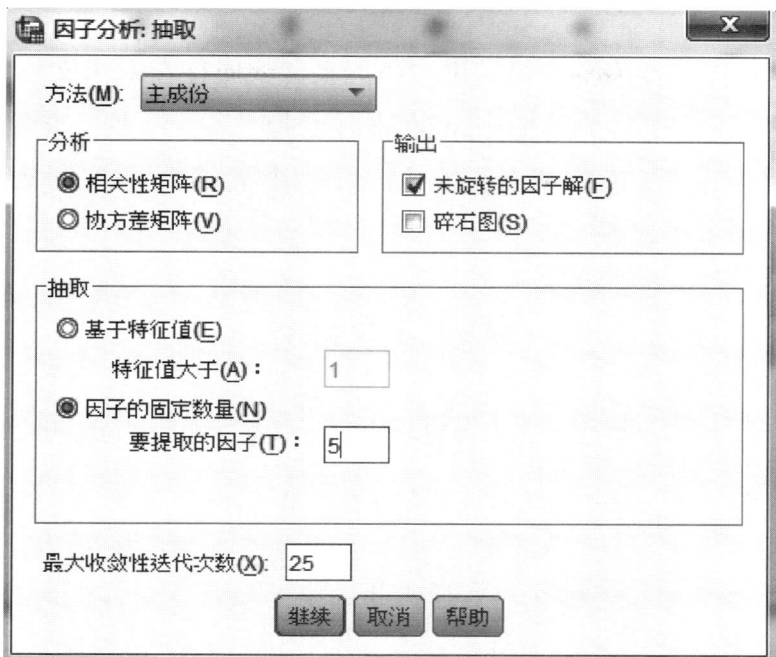

附图 9　设置抽取因子数量

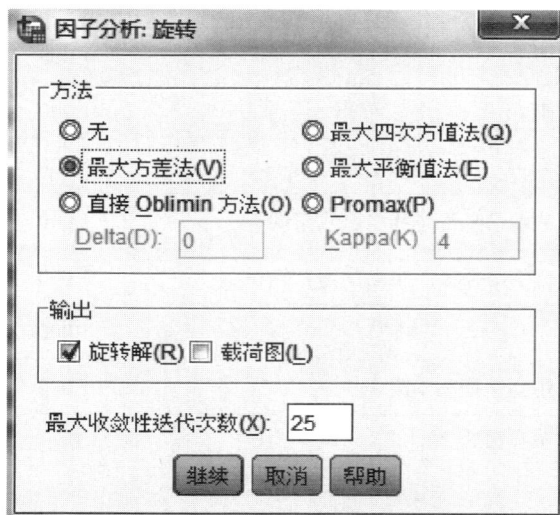

附图 10　设置旋转方法

（五）效度分析结果、产生原因及解决办法

针对探索性因子分析结果，一般来说，应该在输出文档里有四个表格，即"KMO 和 Bartlett 的球形度检验""公因子方差""解释的总方差""旋转成分矩阵"，后三个表格分别如附表1～附表3所示。

附表1　公因子方差

→因子分析

[数据集1] F:\Graduate 北京开放大学问卷设计及调查 \ 北京市民终身学习状况问卷原始数据 _ 初测 (52 人). sav

相关矩阵 *

a. 此矩阵不是正定矩阵 *

公因子方差

	初始	提取
终身学习是从出生到老年不断学习的过程	1.000	0.957
学习能推动个人发展	1.000	0.844
学习有助于身体健康	1.000	0.801
要积极学习相关课程	1.000	0.981
终身学习的课程与活动信息都是我自己收集的	1.000	0.963
有意识地给自己安排学习任务，主动学习新知识	1.000	0.955
喜欢探究新事物	1.000	0.955
能够将所学知识运用到实践和生活中	1.000	0.902

提取方法：主成分分析 *

附表 2 解释的总方差

解释的总方差

成分	初始特征值			提取平方和载入			旋转平方和载入		
	合计	方差的 %	累积 %	合计	方差的 %	累积 % 合计	合计	方差的 %	累积 %
1	34.881	39.638	39.638	34.881	39.638	39.638	17.108	19.441	19.441
2	9.995	11.358	50.996	9.995	11.358	50.996	15.964	18.141	37.582
3	6.885	7.824	58.819	6.885	7.824	58.819	12.297	13.973	51.555
4	5.538	6.294	65.113	5.538	6.294	65.113	10.330	11.739	63.294
5	4.567	5.190	70.303	4.567	5.190	70.303	6.168	7.009	70.303
6	3.816	4.336	74.639						
7	3.159	3.590	78.229						
8	2.781	3.160	81.389						
9	2.641	3.002	84.391						
10	1.782	2.025	86.416						

附表 3 旋转成分矩阵

旋转成分矩阵

	成分				
	1	2	3	4	5
终身学习是从出生到老年不断学习的过程	0.150	0.886	0.324	0.096	−0.058
活到老、学到老	0.159	0.338	0.827	0.117	−0.079
学习能推动个人发展	0.170	0.105	0.867	0.108	−0.100
学习有助于家庭和睦	0.155	0.525	0.774	0.128	−0.086
学习有助于身体健康	0.043	0.491	0.655	0.091	−0.084
要积极参与社区或街道组织的学习活动	0.106	0.149	0.853	0.117	0.079

续表

	成分				
	1	2	3	4	5
要积极学学相关课程	0.169	0.889	0.261	0.114.	−0.088
终身学习的课程与活动信息都是我自己收集的	0.260	0.722	0.541	0.172	−0.112
有意识地给自己安排学习任务，主动学习新知识	0.228	0.131	0.838	0.173	0.013
喜欢探究新事物	0.228	0.131	0.838	0.173	0.013
能够将所学知识运用到实践和生活中	0.056	0.137	0.860	0.060	0.038
应付现在的工作要求	0.578	0.302	0.092	0.141	−0.063

输出文档没有出现KMO表格。北京理工大学吴晓兵老师认为，原因可能是调查问卷中的某些问题之间具有精确相关关系或高度相关关系，导致无法计算相关矩阵，也就无法出现KMO值。解决的办法是删除观测变量，需要逐个删除，直至正定（出现KMO值）。

二、二测信度和效度分析

我们共收回问卷50份，其中，有效问卷为27份，由于27人中的4人与初测人名无法对应，故只有23人用来进行重测（test-retest）信度分析。

（一）缺失值处理

二测缺失值处理方法与一测缺失值处理方法相同，故此处不再赘述。替换缺失值结果如附图11所示。

替换缺失值

[数据集 2] C:\Users Administrator\Desktop 北京市民终身学习状况问卷原始数据 _ 二
测（27人）.sav

结果变量

	结果变量	被替换的缺失值数	非缺失值的个案数		有效个案数	创建函数
			第一个	最后一个		
1	c32 应付现在的工作要求 _1	1	1	27	27	SMEAN(c32 应付现在的工作要求）
2	c33 为转工或转行做准备 _1	1	1	27	27	SMEAN(c33 为转工或转行做准备）
3	f58 社区学习中心或社区公共活动场所 _1	1	1	27	27	SMEAN(f58 社区学习中心或社区公共活动场所）
4	g70 独立思考和解决问题的能力 _1	1	1	27	27	SMEAN(g70 独立思考和解决问题的能力）
5	h71 能够主动地对所学习内容进行预习和复习 _1	1	1	27	27	SMEAN(h71 能够主动地对所学习内容进行预习和复习）
6	h72 积极主动地完成各类课程布置的作业任务 _1	1	1	27	27	SMEAN(h72 积极主动地完成各类课程布置的作业任务）
7	h73 拓宽了知识视野 _1	1	1	27	27	SMEAN（h73 拓宽了知识视野）
8	h74 结识了同行业的朋友 _1	1	1	27	27	SMEANQ(h74 结识了同行业的朋友）

附图 11　替换缺失值结果

（二）23 人的重测信度分析过程及结果

重测（test-retest）信度也称外在信度，是指研究人员在相同或
相似的背景下，对同样的研究对象重复同样的研究所得到研究结果

的一致性程度。其相关系数称为重测信度系数。

本研究将初测的 23 份样本的每个题项得分相加，得到单个样本总分，在后序列中添加"总和 1"列（如附图 12 所示）。同理，将二测所得的结果对应初测人名粘贴到初测文件中相应的位置，求得总和 2，在后序列中添加"总和 2"列（如附图 13 所示）。

k106学习地点离家太远	k107学习场所环境太差	k108个人身体不佳	总和1
2	2	2	375
2	2	2	320
2	2	2	339
0	0	0	163
2	2	2	250
2	2	2	354
2	2	2	298
3	3	3	268
0	0	0	169
2	3	0	182
0	0	0	160
2	2	2	329
2	2	2	319
2	2	2	304
2	2	2	323
2	2	2	323
4	3	4	388
0	0		

附图 12　初测样本得分总和

VAR00085	VAR00086	VAR00087	VAR00088	总和2
0	0	0	0	305
3	2	2	2	320
2	2	2	2	339
0	0	0	0	163
4	2	2	2	250
2	2	2	2	359
2	2	2	2	298
3	3	3	3	268
0	0	0	0	169
2	3	3	0	182
0	0	0	0	161
2	2	2	2	329
2	2	2	2	319
2	2	2	2	320
2	2	2	2	323
3	2	2	2	323
3	4	3	4	388
0	0	0	0	293
3	3	3	2	313
3	2	2	2	310
4	2	2	2	249

附图 13　二测样本得分总和

具体分析过程如下：选择"分析"→"相关"→"双变量相关"命令，打开"双变量相关"对话框，将要分析的变量选入右侧"变量"框。这里，将"总和1"和"总和2"选入，设置相应参数并勾选"Pearson"和"双侧检验"，如附图 14 所示。

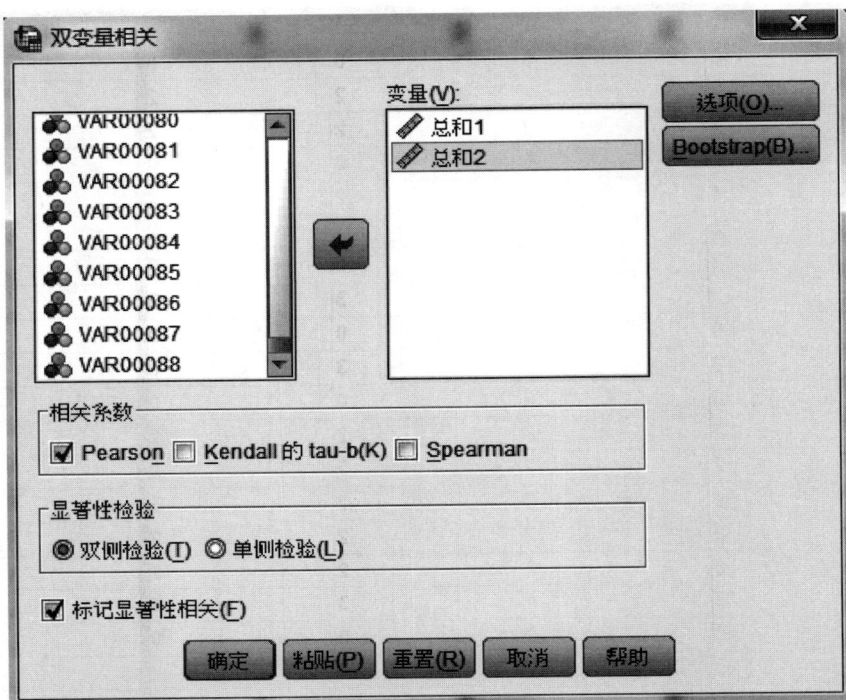

（a）

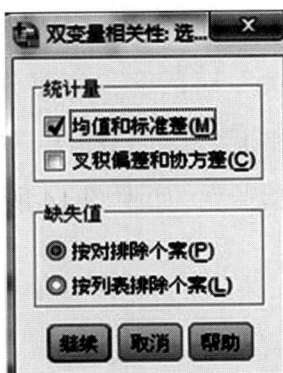

（b）

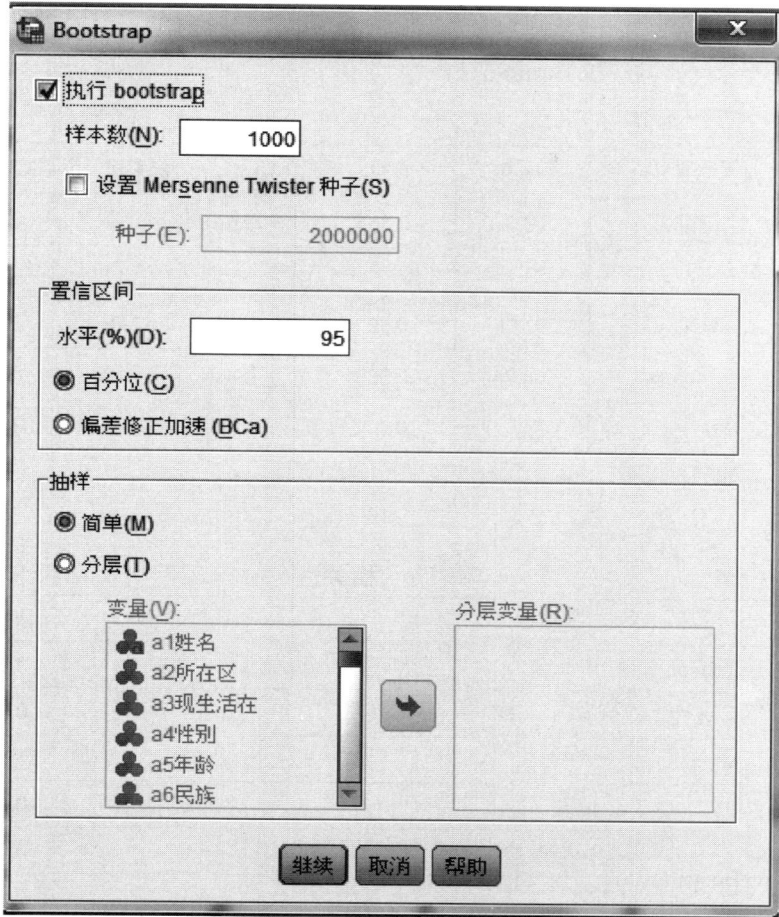

（c）

附图 14 "双变量相关"对话框

　　分析结果如下：重测信度系数是 0.975。相关系数大，表示前后测的一致性高、稳定性好。

　　描述性统计量如附表 4 所示，相关性如附表 5 所示。

附表 4　描述性统计量

变量		Statistic	Bootstrap[a]			
			偏差	标准误差	95% 的置信区间	
					下限	上限
总和 1	均值	293.39	0.31	14.18	264.44	321.17
	标准差	68.710	−2.335	9.830	43.936	82.754
	N	23	0	0	23	23
总和 2	均值	291.20	0.30	13.89	263.00	317.69
	标准差	66.766	−2.329	9.788	42.108	80.599
	N	23	0	0	23	23

a. 除非另有说明，Bootstrap 结果基于 1 000 个样本。

附表 5　相关性

变量				总和 1	总和 2
总和 1	Pearson 相关性			1	0.975**
	显著性（双侧）				0.000
	N			23	23
	Bootstrap[a]	偏差		0	−0.003
		标准误差		0	0.028
		95% 的置信区间	下限	1	0.900
			上限	1	1.000
总和 2	Pearson 相关性			0.975**	1
	显著性（双侧）			0.000	
	N			23	23
	Bootstrap[a]	偏差		−0.003	0
		标准误差		0.028	0
		95% 的置信区间	下限	0.900	1
			上限	1.000	1

**. 在 0.01 水平（双侧）上显著相关。

a. 除非另有说明，Bootstrap 结果基于 1 000 个样本。

（三）分半信度分析过程及结果

分半信度（split-half reliability）是常用的信度检验方法之一，反映测验项目内部一致性的程度，即表示测验相同内容或特质的程度。具体分析是在测验后，将测验项目分成相等的两组（两半），通常采用奇偶分组方法，即将测验题目按照序号的奇数和偶数分成两半，然后计算两项项目分之间的相关系数。相关系数高表示信度高，或内部一致性程度高。

具体做法如下：在 SPSS 软件的选单（菜单）里选择"分析"→"度量"→"可靠性分析"，在弹出的对话框中，将要分析信度的题目（88 道题项）选入右边的项目框，然后在"模型"的下拉选单（菜单）中选择"分半"（默认是 alpha），单击"确定"按钮即可。

分析结果如下：结果中会呈现 Spearman-Brown 分半系数的计算结果，此即分半信度（如附表 6 和附表 7 所示）。由于本问卷的题目是偶数个（88 个），那么 Spearman-Brown 分半信度的结果是 equal length，也就是 0.939，表示内部一致性的程度较高、信度较高。

附表 6　案例处理汇总

案例 / 个	N / 个	占案例总数的百分比
有效	23	100.0%
已排除 [a]	0	0.0
总计	23	100.0%

a. 在此程序中基于所有变量的列表方式删除。

附表 7　可靠性统计量

Cronbach's Alpha	部分 1	值	0.961
		项数	44[a]
	部分 2	值	0.974
		项数	44[b]
	总项数		88
表格之间的相关性			0.884
Spearman-Brown 系数	等长		0.939
	不等长		0.939
Guttman Split-Half 系数			0.914

a. 这些项分别如下：b21—终身学习是从出生到老年不断学习的过程，b22—活到老、学到老，b23—学习能推动个人发展，b24—学习有助于家庭和睦，b25—学习有助于身体健康，b26—要积极参与社区或街道组织的学习活动，b27—要积极学习相关课程，b28—终身学习的课程与活动信息都是我自己收集的，b29—有意识地给自己安排学习任务、主动学习新知识，b30—喜欢探究新事物，b31—能够将所学知识运用到实践和生活中，c32—应付现在的工作要求，c33—为转工/转行做准备，c34—是个人兴趣爱好，c35—发掘学习的乐趣，c36—认识新朋友、扩大社交圈子，c37—闲暇生活过得更充实，c38—不被社会淘汰，c39—大脑保持灵活，c40—争取再次受教育的机会，c41—挑战自己，c42—为服务别人做准备，c43—得到家人的鼓励，c44—得到朋友的鼓励，d45—使用计算机，d46—上网搜索资料，d47—使用智能手机，d48—使用平板电脑，d49—使用微信公众号、微信、微博、QQ，e50—独立学习，e51—小组学习，e52—班级教学，e53—在线学习，e54—面授教学做准备在线学习相结合，f55—自己家里，f56—图书馆、博物馆、科技馆等公共场所，f57—培训中心，f58—社区学习中心、社区公共活动场所，f59—大学或专业学院，f60—网络环境，g61—对终身学习的理解，g62—对知识的渴望，g63—各项专业技能，g64—自主学习的能力。

b. 这些项分别如下：g65—合作学习的能力，g66—利用网络收集信息的能力，g67—分析与评价信息的能力，g68—表达能力，g69—随机应变的能力，g70—独立思考和解决问题的能力，h71—能够主动地对所学习的内容进行预习、复习，h72—积极主动地完成各类课程布置的作业任务，h73—开阔了知识视野，h74—结识了同行业的朋友，h75—结识了不同领域的朋友，h76—感到生活更加丰富多彩，h77—坚持不懈、更加专注，h78—更加有主见，i79—学习效果，i80—学习内容，i81—开展活动或培训的时间，i82—学习费用，i83—学习形式，i84—学习结果，i85—机构、资源、活动建设，i86—群体参与度，j87—育儿教育类，j88—家庭生活类，j89—学位、文凭、证书类课程，j90—语言辅导班，j91—就业指导、创业培训活动，j92—晚上学习，j93—周末学习，j94—免费的学习培训活动，j95—社区组织的集中教育学习方式，j96—专业的培训机构，j97—多样化的学习方式，

j98—有针对性的学习网站，j99—颁布终身教育法等一些法律法规，k100—缺乏实用性内容的课程，k101—对现有课程不感兴趣，k102—缺乏社区的学习氛围，k103—学费太贵，k104—缺乏时间和精力，k105—网上学习方式太复杂，k106—学习地点离家太远，k107—学习场所环境太差，k108—个人身体不佳。

（四）效度分析过程及结果

由于本问卷测量的是北京市民终身学习的现状与学习体验，它并不是心理测量量表，所以我们不需要对此进行效度分析。当然，效度分析过程、结果与一测效度分析结果大致相同，故此处不再赘述，输出结果如附表 8 ~ 附表 11 所示。

附表 8　相关矩阵 [a]

a. 此矩阵不是正定矩阵。

附表 9　公因子方差

变量	初始	提取
VAR00001	1.000	0.740
VAR00002	1.000	0.812
VAR00003	1.000	0.799
VAR00004	1.000	0.866
VAR00005	1.000	0.691
VAR00006	1.000	0.799
VAR00007	1.000	0.736
VAR00008	1.000	0.844
VAR00009	1.000	0.840
VAR00010	1.000	0.840
VAR00011	1.000	0.795

续表

变量	初始	提取
VAR00012	1.000	0.772
VAR00013	1.000	0.770
VAR00014	1.000	0.842
VAR00015	1.000	0.562
VAR00016	1.000	0.908
VAR00017	1.000	0.637
VAR00018	1.000	0.786
VAR00019	1.000	0.797
VAR00020	1.000	0.667
VAR00021	1.000	0.824
VAR00022	1.000	0.790
VAR00023	1.000	0.854
VAR00024	1.000	0.854
VAR00025	1.000	0.804
VAR00026	1.000	0.863
VAR00027	1.000	0.731
VAR00028	1.000	0.953
VAR00029	1.000	0.964
VAR00030	1.000	0.795
VAR00031	1.000	0.839
VAR00032	1.000	0.947
VAR00033	1.000	0.934
VAR00034	1.000	0.745
VAR00035	1.000	0.823
VAR00036	1.000	0.644
VAR00037	1.000	0.849

变量	初始	提取
VAR00038	1.000	0.375
VAR00039	1.000	0.861
VAR00040	1.000	0.837
VAR00041	1.000	0.700
VAR00042	1.000	0.765
VAR00043	1.000	0.649
VAR00044	1.000	0.600
VAR00045	1.000	0.590
VAR00046	1.000	0.891
VAR00047	1.000	0.953
VAR00048	1.000	0.980
VAR00049	1.000	0.980
VAR00050	1.000	0.976
VAR00051	1.000	0.891
VAR00052	1.000	0.898
VAR00053	1.000	0.957
VAR00054	1.000	0.969
VAR00055	1.000	0.959
VAR00056	1.000	0.944
VAR00057	1.000	0.826
VAR00058	1.000	0.880
VAR00059	1.000	0.690
VAR00060	1.000	0.831
VAR00061	1.000	0.309
VAR00062	1.000	0.629
VAR00063	1.000	0.703

续表

变量	初始	提取
VAR00064	1.000	0.727
VAR00065	1.000	0.775
VAR00066	1.000	0.771
VAR00067	1.000	0.665
VAR00068	1.000	0.534
VAR00069	1.000	0.820
VAR00070	1.000	0.738
VAR00071	1.000	0.669
VAR00072	1.000	0.749
VAR00073	1.000	0.668
VAR00074	1.000	0.542
VAR00075	1.000	0.484
VAR00076	1.000	0.704
VAR00077	1.000	0.748
VAR00078	1.000	0.955
VAR00079	1.000	0.717
VAR00080	1.000	0.801
VAR00081	1.000	0.606
VAR00082	1.000	0.558
VAR00083	1.000	0.829
VAR00084	1.000	0.647
VAR00085	1.000	0.855
VAR00086	1.000	0.828
VAR00087	1.000	0.819
VAR00088	1.000	0.848

提取方法：主成分分析。

附表 10 解释的总方差

成分	初始特征值			提取平方和载入			旋转平方和载入		
	合计	方差的 %	累积 %	合计	方差的 %	累积 %	合计	方差的 %	累积 %
1	35.661	40.524	40.524	35.661	40.524	40.524	23.592	26.809	26.809
2	13.390	15.216	55.740	13.390	15.216	55.740	16.403	18.640	45.448
3	7.974	9.061	64.801	7.974	9.061	64.801	13.667	15.531	60.980
4	6.850	7.784	72.585	6.850	7.784	72.585	9.561	10.864	71.844
5	4.538	5.157	77.742	4.538	5.157	77.742	5.190	5.898	77.742
6	3.903	4.435	82.177						
7	2.970	3.375	85.551						
8	2.638	2.998	88.550						
9	2.046	2.325	90.874						
10	1.724	1.959	92.834						
11	1.254	1.426	94.259						
12	1.077	1.224	95.483						
13	0.979	1.112	96.596						
14	0.887	1.008	97.603						
15	0.809	0.919	98.522						
16	0.405	0.460	98.982						
17	0.263	0.299	99.281						
18	0.211	0.240	99.520						
19	0.174	0.198	99.718						
20	0.110	0.125	99.843						
21	0.091	0.104	99.946						
22	0.047	0.054	100.000						
23	2.633×10^{-15}	2.992×10^{-15}	100.000						

续表

成分	初始特征值			提取平方和载入			旋转平方和载入		
	合计	方差的 %	累积 %	合计	方差的 %	累积 %	合计	方差的 %	累积 %
24	2.390×10^{-15}	2.716×10^{-15}	100.000						
25	2.036×10^{-15}	2.314×10^{-15}	100.000						
26	1.893×10^{-15}	2.151×10^{-15}	100.000						
27	1.568×10^{-15}	1.782×10^{-15}	100.000						
28	1.425×10^{-15}	1.619×10^{-15}	100.000						
29	1.385×10^{-15}	1.574×10^{-15}	100.000						
30	1.249×10^{-15}	1.419×10^{-15}	100.000						
31	1.233×10^{-15}	1.401×10^{-15}	100.000						
32	1.070×10^{-15}	1.216×10^{-15}	100.000						
33	9.900×10^{-16}	1.125×10^{-15}	100.000						
34	8.733×10^{-16}	9.924×10^{-16}	100.000						
35	8.430×10^{-16}	9.579×10^{-16}	100.000						
36	8.288×10^{-16}	9.419×10^{-16}	100.000						
37	6.512×10^{-16}	7.401×10^{-16}	100.000						
38	6.483×10^{-16}	7.367×10^{-16}	100.000						
39	5.605×10^{-16}	6.369×10^{-16}	100.000						
40	4.888×10^{-16}	5.555×10^{-16}	100.000						
41	4.170×10^{-16}	4.739×10^{-16}	100.000						
42	4.012×10^{-16}	4.560×10^{-16}	100.000						
43	3.354×10^{-16}	3.811×10^{-16}	100.000						
44	2.824×10^{-16}	3.209×10^{-16}	100.000						
45	2.361×10^{-16}	2.683×10^{-16}	100.000						

续表

成分	初始特征值			提取平方和载入			旋转平方和载入		
	合计	方差的 %	累积 %	合计	方差的 %	累积 %	合计	方差的 %	累积 %
46	2.034×10^{-16}	2.311×10^{-16}	100.000						
47	1.679×10^{-16}	1.908×10^{-16}	100.000						
48	1.474×10^{-16}	1.675×10^{-16}	100.000						
49	7.732×10^{-17}	8.786×10^{-17}	100.000						
50	5.115×10^{-17}	5.813×10^{-17}	100.000						
51	3.651×10^{-32}	4.149×10^{-32}	100.000						
52	-3.939×10^{-33}	-4.476×10^{-33}	100.000						
53	-2.089×10^{-32}	-2.374×10^{-32}	100.000						
54	-6.560×10^{-18}	-7.454×10^{-18}	100.000						
55	-3.483×10^{-17}	-3.958×10^{-17}	100.000						
56	-4.300×10^{-17}	-4.887×10^{-17}	100.000						
57	-1.041×10^{-16}	-1.183×10^{-16}	100.000						
58	-1.083×10^{-16}	-1.231×10^{-16}	100.000						
59	-1.466×10^{-16}	-1.666×10^{-16}	100.000						
60	-1.853×10^{-16}	-2.105×10^{-16}	100.000						
61	-2.006×10^{-16}	-2.279×10^{-16}	100.000						
62	-2.439×10^{-16}	-2.771×10^{-16}	100.000						
63	-3.172×10^{-16}	-3.604×10^{-16}	100.000						
64	-3.371×10^{-16}	-3.831×10^{-16}	100.000						
65	-3.829×10^{-16}	-4.351×10^{-16}	100.000						
66	-4.224×10^{-16}	-4.800×10^{-16}	100.000						
67	-4.478×10^{-16}	-5.089×10^{-16}	100.000						

续表

成分	初始特征值			提取平方和载入			旋转平方和载入		
	合计	方差的 %	累积 %	合计	方差的 %	累积 %	合计	方差的 %	累积 %
68	-4.914×10^{-16}	-5.584×10^{-16}	100.000						
69	-5.851×10^{-16}	-6.649×10^{-16}	100.000						
70	-6.601×10^{-16}	-7.502×10^{-16}	100.000						
71	-6.984×10^{-16}	-7.936×10^{-16}	100.000						
72	-7.460×10^{-16}	-8.477×10^{-16}	100.000						
73	-8.009×10^{-16}	-9.101×10^{-16}	100.000						
74	-8.801×10^{-16}	-1.000×10^{-15}	100.000						
75	-9.814×10^{-16}	-1.115×10^{-15}	100.000						
76	-1.026×10^{-15}	-1.166×10^{-15}	100.000						
77	-1.048×10^{-15}	-1.190×10^{-15}	100.000						
78	-1.123×10^{-15}	-1.276×10^{-15}	100.000						
79	-1.190×10^{-15}	-1.353×10^{-15}	100.000						
80	-1.305×10^{-15}	-1.483×10^{-15}	100.000						
81	-1.512×10^{-15}	-1.718×10^{-15}	100.000						
82	-1.555×10^{-15}	-1.767×10^{-15}	100.000						
83	-1.701×10^{-15}	-1.933×10^{-15}	100.000						
84	-1.785×10^{-15}	-2.028×10^{-15}	100.000						
85	-2.426×10^{-15}	-2.757×10^{-15}	100.000						
86	-2.460×10^{-15}	-2.795×10^{-15}	100.000						
87	-2.790×10^{-15}	-3.170×10^{-15}	100.000						
88	-3.338×10^{-15}	-3.793×10^{-15}	100.000						

提取方法：主成分分析。

附表 11　旋转成分矩阵 [a]

变量	成分				
	1	2	3	4	5
VAR00001	0.528	0.536	0.408	−0.080	0.037
VAR00002	0.303	0.121	0.824	0.152	−0.060
VAR00003	0.170	0.001	0.827	0.274	−0.099
VAR00004	0.374	0.273	0.800	0.100	−0.028
VAR00005	0.370	0.161	0.725	−0.052	0.017
VAR00006	−0.006	−0.146	0.825	0.254	0.183
VAR00007	0.599	0.484	0.353	−0.137	−0.006
VAR00008	0.579	0.406	0.583	0.053	−0.038
VAR00009	0.314	−0.037	0.805	0.301	−0.048
VAR00010	0.314	−0.037	0.805	0.301	−0.048
VAR00011	0.186	−0.143	0.849	0.125	−0.058
VAR00012	0.743	0.226	0.077	0.326	0.237
VAR00013	0.525	0.242	0.082	0.654	0.037
VAR00014	−0.008	−0.121	0.221	0.363	0.804
VAR00015	0.072	0.172	0.630	−0.054	0.357
VAR00016	−0.104	0.238	0.673	0.526	0.333
VAR00017	−0.019	−0.152	0.475	0.026	0.623
VAR00018	0.031	0.155	0.814	0.133	0.283
VAR00019	−0.024	0.147	0.863	0.091	0.149
VAR00020	0.063	−0.094	0.779	−0.125	0.181
VAR00021	0.046	−0.146	0.200	0.408	0.771
VAR00022	0.453	0.083	−0.109	0.734	0.164
VAR00023	−0.020	−0.145	0.220	0.875	0.132
VAR00024	−0.020	−0.145	0.220	0.875	0.132

续表

变量	成分				
	1	2	3	4	5
VAR00025	0.821	0.096	0.327	0.106	0.049
VAR00026	0.868	0.141	0.227	0.191	−0.024
VAR00027	0.616	0.010	0.577	0.024	0.136
VAR00028	0.889	0.296	0.241	0.131	0.008
VAR00029	0.889	0.300	0.257	0.123	0.043
VAR00030	0.878	0.095	0.079	−0.074	−0.062
VAR00031	0.413	0.519	0.033	−0.096	0.624
VAR00032	0.647	0.496	−0.071	0.365	0.380
VAR00033	0.892	0.250	0.214	0.134	−0.105
VAR00034	0.554	0.227	−0.032	0.298	0.545
VAR00035	0.722	0.244	0.463	0.163	0.035
VAR00036	0.281	−0.006	0.193	0.719	0.103
VAR00037	0.061	0.432	0.321	0.713	0.216
VAR00038	−0.117	0.222	0.278	−0.277	0.398
VAR00039	0.411	0.498	0.135	0.636	0.145
VAR00040	0.825	0.138	−0.014	0.271	0.255
VAR00041	0.473	−0.068	0.664	−0.007	0.175
VAR00042	0.296	−0.336	0.667	−0.245	0.244
VAR00043	0.732	−0.059	0.292	0.153	0.029
VAR00044	0.635	−0.068	0.342	0.272	0.021
VAR00045	0.666	−0.126	0.287	0.218	0.009
VAR00046	0.914	0.109	0.138	0.142	−0.070
VAR00047	0.897	0.322	0.077	0.162	−0.115
VAR00048	0.887	0.356	0.119	0.201	−0.107

续表

变量	成分				
	1	2	3	4	5
VAR00049	0.887	0.356	0.119	0.201	−0.107
VAR00050	0.856	0.388	0.170	0.249	−0.039
VAR00051	0.228	0.896	0.114	−0.130	0.075
VAR00052	0.288	0.893	0.100	−0.033	0.076
VAR00053	0.358	0.876	−0.007	−0.153	0.194
VAR00054	0.314	0.911	0.073	−0.116	0.149
VAR00055	0.349	0.904	0.028	0.006	0.142
VAR00056	0.303	0.909	−0.005	−0.068	0.147
VAR00057	0.458	0.778	−0.081	−0.035	0.064
VAR00058	0.433	0.827	0.000	0.045	0.077
VAR00059	0.575	−0.034	0.587	0.017	−0.116
VAR00060	0.678	0.084	0.553	0.230	−0.077
VAR00061	0.269	0.025	0.448	0.127	−0.139
VAR00062	0.413	−0.153	0.387	0.497	−0.196
VAR00063	0.699	0.077	0.317	0.313	−0.102
VAR00064	0.560	−0.177	0.553	0.246	−0.123
VAR00065	0.341	0.099	0.176	0.755	−0.219
VAR00066	0.354	0.098	0.163	0.742	−0.241
VAR00067	−0.091	0.048	−0.129	0.019	0.798
VAR00068	−0.003	0.605	0.259	−0.303	0.098
VAR00069	0.877	0.076	0.062	0.142	−0.143
VAR00070	0.770	0.331	−0.105	0.118	0.102
VAR00071	0.694	0.386	0.008	0.183	0.073
VAR00072	0.447	0.159	0.091	0.710	0.106

续表

变量	成分				
	1	2	3	4	5
VAR00073	0.468	0.222	0.119	0.604	0.146
VAR00074	0.512	−0.375	0.219	−0.122	0.275
VAR00075	−0.063	0.372	0.337	−0.172	0.445
VAR00076	0.613	0.419	0.284	−0.157	0.217
VAR00077	0.741	0.389	0.207	0.047	0.048
VAR00078	0.897	0.328	0.142	0.150	0.015
VAR00079	0.483	0.677	0.088	−0.039	0.125
VAR00080	0.383	0.711	−0.158	0.351	−0.001
VAR00081	−0.208	0.718	−0.035	0.206	0.052
VAR00082	−0.167	0.639	0.202	−0.238	0.156
VAR00083	0.297	0.747	−0.160	0.374	−0.129
VAR00084	0.010	0.666	−0.208	0.364	−0.165
VAR00085	0.112	0.792	−0.220	0.300	−0.276
VAR00086	0.069	0.817	0.130	0.289	−0.236
VAR00087	0.071	0.838	0.002	0.209	−0.259
VAR00088	0.308	0.776	−0.015	0.324	−0.216

提取方法：主成分分析。

旋转法：具有 Kaiser 标准化的正交旋转法。

a. 旋转在 8 次迭代后收敛。

三、相关专家建议

专家 A：对两次测试问卷结果做一致性信度检验，包括重测信度、分半信度、与克隆巴赫系数信度检验。本研究依据专家 A 的建议和其提供的数据分析方法文档，对问卷增加了重测信度分析与分半信度分析。

专家 B：建议一测、二测扩大样本量，以增强数据的说服力。

专家 C：给出一测信效度分析结果的产生原因及解决办法。

附录 3　首都终身教育创新实践访谈提纲

一、研究目标

本研究旨在发掘近年来北京地区终身教育之社区教育创新实践现状，通过对终身教育管理者及终身学习者等创新个案的深入分析研究，梳理首都终身教育创新实践特点；探究其资源建设、服务模式、技术应用、实施标准及存在的问题等；在熟悉其管理运营等基础之上，发现其创新方法和实践路径，总结当前北京终身教育创新发展过程中的机遇和挑战，以指导北京终身教育事业的不断创新发展。

二、研究对象

经过前期调研，我们研究发现：北京市终身教育主要有三类，即企业大学、社区学院、继续教育学院。社区教育作为终身教育发展的热门研究问题，成为终身教育发展的重点，也是破解北京终身教育持续发展难题的关键。

基于上述研究，本研究团队拟对北京地区社区终身教育创新实践开展相应的访谈工作。西城区、东城区、通州区、大兴区、海淀区、朝阳区等多个区的社区学院，在群众文化、老年教育、转岗培训、亲子教育等多个实践领域已经有所突破，为我们总结北京市终身教育创新实践提供了可贵的素材。

三、研究方法

（一）访谈对象

项目研究以个案研究结合访谈法，选取有代表性的 30 个终身教育实践者为研究对象，拟定终身教育管理者和终身学习者两类人群，共计 30 人。

（二）访谈提纲

开场语：

您好，我是来自北京邮电大学网络教育学院的研究生，在开展一项关于社区教育的调研，感谢您在百忙之中参与访谈，我们将对所有的信息严格保密。为保证访谈真实、有效，可能需要占用您的宝贵时间回答以下几个问题。如果您没有疑问的话，那咱们就开始吧。

终身教育管理者：

（1）作为终身教育从业人员，您对社区教育有怎样的认识？

（2）您觉得社区教育与学校教育有哪些区别？

（3）您认为如何通过社区教育研究促进社区教育实践？

（4）您能谈一谈对社区教育若干热点问题（①社会教育的发展方向；②需要遵循的原则；③社区教育的定位；④社区教育的资源分配和使用）的看法吗？

（5）在社区教育中，除了面授课这样的形式外，还会有怎样的活动？它们涉及哪些方面？经费如何得到保证？

（6）社区教育的创新一般有哪些途径？在不同的途径中，如何实现有效的管理运营呢？

（7）社区教育的师资队伍是如何建设的？

（8）经过多年的实践和研究，服务模式的创新是如何做到在创新中稳步推进的？有没有新技术的应用？（有）都有哪些呢？

（9）您是否知道社区教育的相关标准？（是）它是如何指导创新实践工作的？

（10）您觉得到现在为止，社区教育存在的困难有哪些？您认为应该如何解决这些困难呢？

（11）您是否了解社区教育的课程建设状况？您有何建议？您认为今后会从哪些方面开展进一步的建设？

（12）您认为现有社区教育实践和研究还存在哪些不足？您有什么意见或者建议？

（13）从已有的实践来看，您觉得未来终身教育的发展会是怎样的？您可以从个人发展和社区教育的整体发展来谈一谈。

终身学习者：

（1）从您参与的终身教育实践出发，谈一谈您对终身教育的认识。

（2）从个人参与终身教育的实践过程来看，您觉得终身教育对您个人的学习和生活有什么影响？其中还存在哪些问题？

（3）您选择学习的课程都有哪些？您为什么选择这些课程？

（4）您更愿意选择在怎样的环境中学习，如家、学校、街道社区、图书馆或工作单位等？

（5）您平时会获得哪些学习活动体验？请分别从网络学习或教师课堂授课学习两方面谈一谈您的感受。

（6）您在学习的过程中遇到过什么困难？您都获得了哪些帮助？您还需要获得怎样的帮助？

（7）通过学习，您获得了哪些知识或技能？是否达到了您学习的初衷？

（8）您参与终身教育实践的动力是什么？是提升自己还是服务家庭或社会，抑或只是一种消遣？

（9）如果学习与工作时间发生冲突，您一般怎么处理？您希望终身教育机构在此方面应做哪些改进？

（10）当前的学习费用投入是否给您的生活带来一定的压力？

（11）您多长时间参与一次学习？当前的学习时间投入能否保证您的课程学习质量？您为什么会对不同类型的课程投入不同的时间？这样做是出于怎样的原因？

（12）学校或机构现有的制度能不能充分满足您的学习需求？您认为有什么可以优化的地方？

再次感谢您的参与！

北京市民终身学习状况报告

An Investigation-Based Report on the
Lifelong Learning Situation of Beijing Citizens

● 本书具有鲜明的实证研究和地域特色，通过量化与质性相结合的实证研究，从终身学习认识、终身学习现状、终身学习效果、终身学习困难、终身学习满意度与需求等维度，对互联网时代北京市民终身学习状况进行了较为全面、系统的研究。

● 聚焦北京社区教育信息化的实施路径，分析了北京市不同社区数字化学习平台中网络资源的质量、平台利用率、与学分认证制度的结合、共建共享机制等方面的成就和问题，并通过访谈进行了补充，提出社区教育应尽快完善学习资源的共建共享机制，运用学分认证制度激励居民学习。

● 探讨了北京市青年群体与中老年群体的学习状况差异，分析了中老年群体的终身学习特征，结合中老年群体的终身学习需求提出了切实可行的建议。

● 凸显了北京市社区教育和老年教育创新实践典型案例的示范作用，分析了影响终身学习效果的相关因素，对学习型社会的建设、终身学习体系的构建、老年教育发展规划的有效实施、终身学习政策的完善具有一定的参考价值。

ISBN 978-7-304-11253-0

9 787304 112530 >

http://www.crtvup.com.cn
国家开放大学出版社

定价：27.00元